Costa Rica

Highlights

HELLER VERLAG

Die Deutsche Nationalbibliothek verzeichnet diese Publikation in der Deutschen Nationalbibliografie. Detaillierte bibliografische Daten sind im Internet unter **www.dnb.de** abrufbar.

Das Umschlagbild zeigt den Vulkan Poás, Vinzenz Schmack mit der größten einheimischen Blattpflanze, genannt »der Regenschirm der armen Leute«, Tukan im Urwald, Künstler beim Bemalen eines Ochsenkarrenrads in Sarchí.

Besonderer Dank gilt Christoph Burkheiser, Robert Koch, Kurt Schmack, Vinzenz Schmack, Dr. Oskar Weber, Joachim Werner und Walter Rosenberg, deren Insiderwissen und Hilfsbereitschaft erheblich zur Qualität dieses Reiseführers beigetragen haben.

Autoren: Klaus Heller, Gabi Heller
Fotos: Barbara Hermann, Kurt Kritzinger, Gabi Heller, Susi Heller, Jutta und Siegfried Sedlmeier, Klaus Heller
Gemälde S. 12/13: Maureen Mora Chaves, Golfito
Umschlaggestaltung: Sigrid Kowalewski, Kurt Kritzinger
Kartografie: Kurt Kritzinger, Klaus Heller
Lektorat: Anke Witzel
Layout: Dietmar Schmitz

Druck und Bindung: Druckerei Steinmeier, Deiningen

1. Auflage 2015

Postfach 1204, D-82019 Taufkirchen bei München
Tel.: +49-89-612 28 29 Fax: +49-89-612 68 69
Internet: www.heller-verlag.de E-Mail: info@heller-verlag.de

ISBN 978-3-929403-39-8
Printed in Germany

Diesen Reiseführer gibt's in jeder guten Buchhandlung und im Internet unter **www.heller-verlag.de** – Die **eBook-Version** (ISBN 978-3-929403-59-6) mit vielen praktischen Verlinkungen steht auf allen großen eBook-Portalen zum Download bereit.
Website zum Buch: **www.costarica-highlights.de**

Flagge der Republik Costa Rica

Inhalt

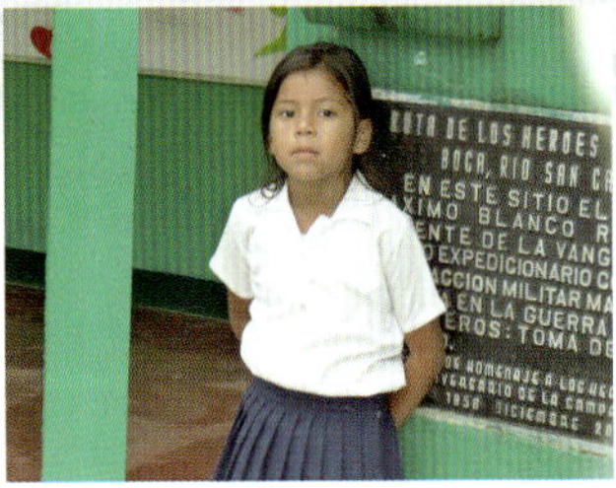

Tipo: Extranjeros / Tarifa: $10,00
Parque
PARQUE NACIONAL MANUEL ANTONIO
REPUBLICA DE COSTA RICA
DERECHO DE ADMISION
Tipo: Extranjeros
Tarifa: $10,00

COSTA RICA
CRC
1240
CENTROAMERICA

RESTAURANTE

Lago de Nicaragua
Bahía de Sta. Elena
La Cruz
Santa Cecilia
Cordillera de Guanacaste
Los Chiles
Cuajiniquil
Volcán Orosi 1487 m
Upala
Aguas Claras
Alajuela
Bahía de Papagayo
Volcán Rincón de la Vieja 1916 m
Volcán Tenorio 1916 m
Papagayo
Volcán Miravalles 2028 m
Liberia
Río Liberia
Arenal
El Coco
Fortuna
Río Tempisque
Río Bebedero
Tilarán
Filadelfia
Cañas
Volcán Arenal 1633 m
Cordillera de Tilarán
Belén
Tamarindo
Guanacaste
Monteverde
Santa Cruz
Paraiso
Nicoya
Hojancha
Golfo de Nicoya
Puntarenas
Carmona
Orotina
Nosara
Jicaral
Sámara
Paquera
Carrillo
Cóbano
Tambor
Montezuma
Malpais
Jacó
Esterillo
Isla del Coco
Cerro Iglesias 634 m
Parque Nacional Isla del Coco
Pazifischer Ozean
50 km
30 mi

Costa Rica
© Heller Verlag
NICARAGUA
Karibisches Meer
Barra del Colorado
Laguna del Lagarto Lodge
Boca Tapada
Veracruz
Río San Juan
Heredia
Río Taro
Pital
Puerto Viejo
Río Sarapiquí
Tortugero
Cariari
La Virgen
Tigre
Limón
Parismina
Volcán Barva 2906 m
Guácimo
Río Reventazón
Guápiles
Volcán Irazú 3432 m
Volcán Turrialba 3340 m
Heredia
SAN JOSÉ
Siquirres
Moín
Puerto Limón
Colon
Turrialba
Río Pacuare
Atlantico
Cartago
San Ignacio
Cartago
Cahuita
Puerto Viejo (Talamanca)
SanPablo
Río Chirripó
Río Teliré
Bratsi
Bribri
Manzanillo
Santa Maria
Cerro Chirripó 3820 m
Cordillera de Talamanca
Río Coén
Río Sixaola
Sixaola
San José
San Isidro
PANAMA
Hatillo
Dominical
Cerro Kamuk 3549 m
Uvita
Río General
Palmar Norte
Río Cotón
Río Térraba
Puntarenas
Carretera Interamericana
Sierpe
Bahía Drake
Río Sierpe
Drake
Isla del Caño
Rincón
Piedras Blancas
Corcovado (Osa)
Golfito
Neily
Dos Brazos
Puerto Jiménez
La Palma
Carate

Vorwort

Wir freuen uns, Sie durch Costa Rica begleiten zu dürfen. Sie haben eine gute Wahl getroffen, sowohl mit Ihrem Reiseziel als auch mit diesem gründlich recherchierten Reiseführer.

Nicht ohne Grund rangiert Costa Rica in den verschiedenen Studien zur Ermittlung der glücklichsten Nation der Welt immer ganz weit oben. »*¡Pura Vida!*« heißt die Begrüßungsformel in Costa Rica, was so viel bedeutet wie »das pralle Leben!« Wer nach Costa Rica reist, möchte vor allem *¡Pura Natura!* erleben, Pflanzen sehen, die es bei uns nicht einmal in den Gewächshäusern der Botanischen Gärten gibt und Tiere in freier Wildbahn beobachten, um die so mancher europäische Zoo nur neidisch sein kann.

Costa Rica ist klein und überschaubar, unterstreicht seine Friedfertigkeit dadurch, dass es kein Militär unterhält und beeindruckt seine Besucher mit majestätischen Vulkanen, paradiesischen Stränden, üppigen Regenwäldern, einer einzigartigen Vielfalt in der Tier- und Pflanzenwelt und vor allem durch seine freundlichen, ausgeglichenen Menschen.

Ob Sonnenanbeter, Naturfreund, Wassersportler, Abenteurer, Rucksack- oder Luxustourist, hier kommt jeder auf seine Kosten! Auch Familien sind in dem kinderfreundlichen Land gerne gesehen und finden die nötigen Strukturen.

Costa Rica lebt vor allem von der Schönheit seiner Natur – und vom Tourismus. Hier sehen Sie, wie man die Natur erhalten – und zerstören kann. Mehr als **ein Viertel der gesamten Staatsfläche ist Naturschutzgebiet**, pro-

zentual so viel, wie in keinem anderen Staat der Welt! Dennoch werden immer noch wertvolle Primärwälder abgeholzt, Bananen- und Kaffeefelder massiv mit Pestiziden besprüht und Flüsse und Meere damit vergiftet. Gerne zeigen Ihnen ökologisch orientierte Bauernkooperativen vor Ort die Vorzüge ihrer Arbeitsweise und erhöhen damit vielleicht Ihre Bereitschaft, für die nächste Banane aus umweltschonendem Anbau im heimischen Supermarkt ein paar Cent mehr auszugeben.

Last not least können Sie durch Ihr ganz persönliches Reiseverhalten (z. B. nie Abfall im Urwald hinterlassen) Naturschutz praktizieren und *¡Pura Natura!* am Leben erhalten.

Die Autoren wünschen Ihnen einen schönen Urlaub!

Allerlei Wissenswertes

Geschichte

Die Geschichte des Landes kann man, wie die der anderen mittel- und südamerikanischen Länder, in eine prä- und eine postkolumbianische Zeit einteilen. Die Entdeckung Costa Ricas durch Christoph Kolumbus im Jahre 1502 stellt somit eine bedeutende Zäsur in der Entwicklung des Landes dar.

Präkolumbianische Zeit

Heute sind uns drei Indianerstämme aus der Zeit vor Kolumbus bekannt: die Choretegas, die Huetares und die Bruncas.

Die *Choretegas* kamen vom Süden Mexikos und besiedelten den Nordwesten des heutigen Costa Rica mit der gesamten Halbinsel von Nicoya. Von der Kultur der Choretegas ist uns am meisten überliefert. Der Spanier Gonzalo Fernández de Oviedo lebte im Jahr 1529 für kurze Zeit mit Angehörigen dieses Volksstammes zusammen und hielt viel Wissenswertes für die Nachwelt fest. Seinen Berichten nach gehörten sie wohl zum höchstentwickelten Volk des damaligen Costa Rica mit einer festen gesellschaftlichen Hierarchie, einem hochentwickelten Kunsthandwerk und Bewässerungsfeldbau. Ihr Hauptanbauprodukt war Mais. Ihre Toten wurden mit Grabbeigaben bestattet. Demzufolge glaubten sie also an ein Leben nach dem Tod.

Die bevölkerungsstärkste Gruppe aber waren die *Huetares*. Sie bewohnten die Karibikseite. Obwohl ihre flächenmäßige Ausbreitung am größten war, stellten sie die am geringsten entwickelte Kulturgruppe dar. Sie taten sich jedoch in der Fertigung von Steinskulpturen und Steinaltären hervor.

Der Indianerstamm der *Bruncas* schließlich siedelte im Südwesten, dem heutigen Pacífico Sur. Obwohl sie Ackerbau, Jagd und Fischfang betrieben, waren sie ein kämpferisches Volk. Das Kriegswesen war hoch entwickelt. Der Grund dafür lag wahrscheinlich im Goldreichtum ihrer Region, den es zu verteidigen galt. Ein geheimnisvolles Relikt ihrer Zeit sind merkwürdige runde Steinkugeln, deren Sinn und Zweck zu erforschen bis heute noch nicht gelungen ist. Mancher wohlhabende Costa Ricaner hat sich eine solche Steinkugel in seinen Garten gestellt.

Postkolumbianische Zeit

Am 18. September 1502 landete Kolumbus auf seiner vierten und letzten Amerikareise an der Atlantikküste in der Nähe von Limón. Da die Eingeborenen die Fremden freundlich empfingen und gutgläubig ihre Goldschätze präsentierten, gelangten die europäischen Eroberer zu der Überzeugung, dass sie hier auf ein reiches Land gestoßen waren (Costa Rica = reiche Küste). Und damit begann der Untergang der Indianerkulturen.

Die Inbesitznahme des Landes gestaltete sich erst sehr zögerlich. 1540 wurde Costa Rica spanische Provinz und dem Generalkapitanat Guatemala angegliedert. Die spanische Krone setzte die Gouverneure der Provinzen ein.

1563 wurde die Stadt *Cartago* von Gouverneur Coronado gegründet und zur Hauptstadt erhoben. Dies blieb sie bis zum Jahre 1823.

Das 17. und 18. Jahrhundert stand im Zeichen der Besiedelung des Valle Central (Zentraltal). Trotzdem gelang die erhoffte Beschleunigung des wirtschaftlichen Aufschwungs nicht.

Im 19. Jahrhundert änderte sich nun die Lage grundlegend: Politisch gesehen wurde Costa Rica selbstständig. Als Folge der napoleonischen Expansion verlor Spanien einen Großteil seiner Kolonien. Das Generalkapitanat Guatemala löste sich am 15. September 1821 vom Mutterland.

Für kurze Zeit wurde das Gebiet Teil des mexikanischen Kaiserreiches. 1823 kam es zum Konflikt zwischen den Monarchisten in Cartago und den Republikanern in San José und Alajuela. Dieser artete zu einem kleinen Bürgerkrieg aus, in dessen Folge sich das Land im Rahmen der *Vereinigten Provinzen von Zentral-Amerika* von Mexiko trennte und San José zur Hauptstadt ernannt wurde. 1838 erklärte die Regierung unter *Braulio Carrillo* den unabhängigen Staat Costa Rica und damit den Austritt aus der Zentralamerikanischen Föderation. Zehn Jahre später konstituierte sich die Republik mit eigener Verfassung. Wirtschaftlich ging es ebenfalls aufwärts. Der Kaffee wurde zum Motor der Ökonomie und zum Hauptausfuhrprodukt. In diesem Rahmen trieb der Staat die Verbesserung der Infrastruktur voran. Die einflussreiche Schicht der Kaffeebarone bildete sich.

Zwischen 1835 und 1860 wanderten vermehrt Bauern aus Nordspanien ein, die den akuten Arbeitskräftemangel linderten und sich ein gewisses Auskommen in der neuen Heimat sichern konnten.

1856 plante der nordamerikanische Abenteurer *William Walker* von Nicaragua aus die Eroberung Zentralamerikas und dessen Umwandlung in ein Sklaventerritorium. Nachdem der Widerstand im nördlichen Nachbarland gebrochen war, marschierte Walker ungehindert südwärts bis zur *Hacienda von Santa Rosa*. Dem amtierenden Präsidenten Mora gelang es 9000 Freiwillige aufzustellen, die den Yankee besiegten.

William Walker zog sich, verfolgt von den siegreichen Costa Ricanern, nach Rivas in Nicaragua zurück und verschanzte sich dort in einem hölzernen Fort. *Juan Santamaría*, einem Trommlerjungen aus Alajuela, gelang es durch den Kugelhagel zum Fort vorzudringen, den Bau anzuzünden und Walkers Männer endgültig in die Flucht zu schlagen. Walker selbst wurde im Jahre 1860 in Honduras getötet, nachdem er noch mehrmals erfolglos versucht hatte, seine Herrschaft auszudehnen. Juan Santamaría aber gelangte zu nationalem Ruhm (auch der Flughafen von San José ist nach ihm

Nationalheld Juan Santamaria

benannt), wenngleich er diesen nicht mehr genießen konnte, da er die heldenhafte Aktion nicht überlebte.

Im Jahre 1871 wurde der Grundstein für die Auslandsabhängigkeit des Landes gelegt. Der damalige Präsident der Republik, Guardia, unterzeichnete bei einer Londoner Bank einen Kreditvertrag über 3,5 Millionen Pfund Sterling zum Bau einer Eisenbahnlinie von der Hauptstadt nach *Limón*. Da nicht genug Arbeitskräfte vorhanden waren, heuerte man Tausende von jamaikanischen, italienischen und chinesischen Arbeitern an.

Der Kreditrahmen war schnell überschritten und hier trat der Nordamerikaner *Minor Cooper Keith* als zusätzlicher Geldgeber auf, der schließlich zum Direktor des Eisenbahnunternehmens avancierte. Es gelang ihm vor Ende des 19. Jahrhunderts, die Bahntrasse fertigzustellen. Im Gegenzug dafür ließ er sich aber immer mehr Land bzw. Nutzungsrechte an Land von der Regierung zusichern und dominierte so bald das Wirtschafts- und auch das politische Leben Costa Ricas. Den Schienen entlang legte seine Gesellschaft riesige Bananenplantagen an. Die Früchte wurden von Limón in die ganze Welt verschifft. 1899 fusionierte Keith mit einem skrupellosen Bostoner Fruchtimporteur zur *United Fruit Company*, die schließlich den Markt kontrollierte und bald auch in anderen lateinamerikanischen Ländern agierte. Ihre größte Bedeutung hatte sie jedoch in Costa Rica. Der Begriff Bananenrepublik findet hier seinen Ursprung.

Zwischen 1870 und 1900 verdoppelte sich die Einwohnerzahl des Landes. Der Höchststand der wirtschaftlichen Blüte wurde nach dem Ersten Weltkrieg erreicht, als der Kaffee- und Bananenexport noch stärker anstieg. Mittlerweile baute man auch Kakao, Zuckerrohr und Ölpalmen an.

Durch die Weltwirtschaftskrise 1929/30 und den damit verbundenen Verfall der Rohstoffpreise wurde das exportorientierte Land schwer getroffen. Es kam zu wachsenden sozialen Spannungen, die 1948 in einen Bürgerkrieg mündeten. Die Banken wurden verstaatlicht, Frauen und Schwarze durften wählen und es wurden Reformen eingeleitet, die zu einem bis dato ungekannten Sozialstaat führten. 1949 wurde die heutige Verfassung in Kraft gesetzt, mit der auch die Wehrpflicht abgeschafft und das Militär aufgelöst wurde.

Heute ist Costa Rica neben Panama der stabilste und friedlichste Staat der gesamten Region. Seit 1983 ist die aktive, autonome und unbewaffnete Neutralität des Landes in der Verfassung verankert. Trotzdem besteht eine starke wirtschaftliche Abhängigkeit von den USA.

Regierungsform

In Costa Rica herrscht eine parlamentarische Demokratie, d. h. das Volk gestaltet das staatliche Leben in seinen wesentlichen Bestandteilen mit. Die demokratische Republik steht auf solideren Füßen als die der Nachbarstaaten, da der Unterschied zwischen arm und reich nicht ganz so krass ist. Es hat sich eine relativ breite Mittelschicht herangebildet, die politisch äußerst interessiert ist. Kennzeichen der Demokratie sind freie

Meinungsbildung, Mehrheitsentscheidungen, Grundsatz der Gleichheit aller Bürger und allgemeine, freie, gleiche und geheime Wahlen.

Nach dem Bürgerkrieg von 1948 und der im Jahre 1949 neu ausgerufenen Verfassung hat sich eine pluralistische und repräsentative Demokratie etabliert, die in vieler Hinsicht liberaler ist als die der Vorkriegszeit.

Neben einigen kleineren Gruppierungen beherrschten lange Zeit zwei große Parteien die politische Szene: die PLN und die PUSC. In den letzten 25 Jahren haben sich ihre Differenzen unter dem Eindruck der defizitären Haushaltsentwicklung und der Auslandsverschuldung auf fiskalische und wirtschaftspolitische Probleme konzentriert. Ansonsten bestand jedoch ein weitgehender Konsens der beiden Großen.

Die *Partido Liberación Nacional* (PLN) ist als liberal links der Mitte einzuordnen und 1951 aus der *Partido Socialdemócrata* hervorgegangen. Ihre Anhänger finden sich im Mittelstand und teilweise unter der Zucker-, Viehzucht- und Industriebourgeoisie. Sie gilt als Verfechterin einer freien Marktwirtschaft mit stark sozialstaatlichen Komponenten. Friedensnobelpreisträger *Óscar Arias* stand bis 1990 an ihrer Spitze.

Nobelpreisträger und Ex-Präsident Óscar Arias

Die *Partido Unidad Social Cristiana* (PUSC) vertritt christlich soziale Prinzipien und ist als konservativ und rechts der Mitte einzustufen.

Seit 1969 gilt ein Gesetz, das die Wiederwahl des Präsidenten nach einer vierjährigen Amtsperiode ausschließt.

Bei der letzten Wahl im Februar 2014 traten neue aussichtsreiche Parteien an, wie die aufstrebende Linkspartei *Frente Amplio* (FA) mit radikalen Forderungen nach Umverteilung des Reichtums, Korruptionsbekämpfung, mehr Umweltschutz und weniger Freihandel und die Mitte-Links-Partei *Partido Acción Ciudadana* (PAC), die auch Teile des Parteiprogramms der FA vertritt, aber wesentlich gemäßigter ist. Beim ersten Wahlgang konnte keiner der angetretenen Kandidaten über 40 % der Stimmen auf sich vereinen. Es kam im

April 2014 zur Stichwahl zwischen *Luis Guillermo Solís* (PAC) und *Johnny Araya* von der PLN.

Als Sieger ging *Solís'* PAC-Partei hervor. Er profitierte von der starken Polarisierung zwischen der mittlerweile ungeliebten Vorgänger-Regierungspartei PLN, die sich nach Meinung der Bevölkerung allzu sehr zur neoliberalen Partei entwickelt hatte und der neu aufstrebenden Linkspartei FA, die der Mehrheit dann doch zu radikal war. Unter den zwei PLN-Regierungen der vergangenen Jahre hatte sich die Schere zwischen arm und reich sehr weit geöffnet.

Das Ende der Zwei-Parteien-Herrschaft im Lande war damit besiegelt.

Wirtschaft

Ananas, Bananen, Zierpflanzen und *Kaffee* aus Costa Rica sind uns aus den Supermärkten wohl bekannt. Dennoch hat in den letzten Jahrzehnten der Export von Agrargütern in Bezug auf das Bruttoinlandsprodukt (BIP) und damit die Wirtschaftskraft des Landes an Bedeutung verloren, während die Produktion von Industriegütern (vorwiegend Computerchips und medizinische Geräte) und das Dienstleistungsgewerbe (Tourismus, Medizintourismus) drastisch an Bedeutung gewonnen haben.

Wirtschaftsfaktor Nr. 1 ist der *Tourismus*: 2013 besuchten über

Wirtschaftsfaktor Nr. 1 ist der Tourismus, hier in Jacó Beach.

2,4 Millionen Touristen Costa Rica, vor allem wegen der zahlreichen Nationalparks, der Artenvielfalt (Flora und Fauna) und der ökologischen Ausrichtung des Landes und seiner Bewohner.

Costa Rica, das weder über Ölvorkommen noch sonstige nennenswerte Bodenschätze verfügt, bezieht 90 % seiner Energie aus Wasserkraft.

Das Wirtschaftswachstum schwankte in den letzten Jahren, ebenso wie die Inflationsrate, zwischen 3 und 5 %.

Bevölkerung

Ticos, Ticas und ethnische Minderheiten

In ethnischer und sprachlicher Hinsicht sind die Costa Ricaner das homogenste Volk Zentralamerikas. Gut 80 % der Bevölkerung stammen von Weißen spanischer Herkunft ab. Circa 15 % sind Mestizen, also Mischlinge zwischen Weißen und Indios (in anderen mittelamerikanischen Ländern meist über 50 %)! Viele von ihnen leben in der Provinz Guanacaste und haben sich den Weißen angepasst. Costa Rica ist somit das »weißeste« Land Mittelamerikas. Seit 1980 hat sich die Bevölkerung mehr als verdoppelt (heute 4,8 Millionen)! Da die Kindersterblichkeit immer geringer wird und die Lebenserwartung stetig ansteigt, wächst die Bevölkerung auch in Zukunft. Mit der steigenden Anzahl von Menschen werden die wirtschaftlichen Probleme gravierender.

Die Einheimischen nennen sich gerne selbst *Ticos* bzw. *Ticas* (weibliche Form). Dies hat seinen Ursprung in ihrer Sprache. Die Verkleinerungsform von Substantiv und Adjektiv ist im Spanischen gebräuchlich (z. B. momento – momentito). Bei den Costa Ricanern tritt an die Stelle des -tito das -tico (bzw. -tica).

Sie sind ein warmherziges und freundliches Volk und kommen Fremden stets höflich und hilfsbereit entgegen. Obwohl sie in ihren Traditionen verwurzelt sind, zeigen sie sich doch auf der anderen Seite modern und aufgeschlossen. So gelten z. B. freie, eheähnliche Lebensgemeinschaften nicht als ungewöhnlich oder gar anrüchig: 40–50 % der Neugeborenen kommen unehelich zur Welt. Über die Hälfte der Einwohner konzentriert sich im Valle Central. Die Bevölkerungsdichte in den Küstenprovinzen ist entsprechend geringer.

Indios

Nur noch rund 1 % der Bevölkerung Costa Ricas gehören heute den ehemaligen Ureinwohnern an. Es gibt acht verschiedene indigene Gruppen: Bribrí, Cabécar, Teribe, Boruca, Guaymí (Ngöbe), Huetares, Maléku (Guatuso) und Chorotega.

1939 garantierte eine Regierungserklärung den Indios eigene Stammesgebiete mit Selbstbestimmungsrecht und einer Klausel auf Unveräußerlichkeit indianischen Landes. 1945 wurde sogar ein »Rat zum Schutze der einheimischen Rassen« gegründet. Trotzdem sind viele Reservate durch die Ausdehnung von Großplantagen und Rodung inzwischen stark verkleinert worden oder ganz von der Landkarte verschwunden. Die Indios wurden in schwer zu bewirtschaftende Gebiete, wie z. B. das Talamanca-Gebirge, zurückgedrängt.

Weitere Informationen zu einzelnen Stämmen gibt's unter: ***www.hallo-costarica.com/indigenas-costarica.html***

Schwarze

Hier sind in erster Linie Jamaikaner zu nennen, die im letzten Jahrhundert als Eisenbahn- oder Plantagenarbeiter aus der Karibik geholt wurden. Die meisten blieben in der Provinz Limón,

Bribrí-Indios

Die schwarze Minderheit bevölkert vor allem die Karibikküste, hier bei Limón.

nicht zuletzt aufgrund eines von der Regierung erlassenen Verbots, von dort wegzuziehen. Dies blieb bis zum Jahre 1982 in Kraft.

Die schwarze Minderheit macht nur ca. 3 % der Bevölkerung aus. Ein Drang nach Assimilation ist kaum festzustellen. Die Schwarzen haben ihre protestantische Religion behalten, sprechen das Pidgin-Englisch der Karibik und ihre Sitten und Gebräuche unterscheiden sich maßgeblich von denen der spanisch sprechenden Ticos.

Chinesen

Sie sind ebenfalls ehemals als Arbeitskräfte für den Eisenbahnbau angeworben worden, verbreiteten sich aber dann über das ganze Land und errichteten Läden und Restaurants. Die *Chinos* haben sich mehr und mehr der einheimischen Lebensweise angepasst. Die Jüngeren sprechen spanisch, heiraten Weiße und konvertieren nicht selten zum Katholizismus. Trotzdem besteht ein starker Zusammenhalt und, im Verhältnis zu ihrer relativ geringen Zahl (ca. 1 %), üben sie beträchtliche wirtschaftliche Macht aus.

Flüchtlinge

Aufgrund der politischen und wirtschaftlichen Situation in ihren Heimatländern kommen viele Menschen aus Nicaragua oder El Salvador in das als sicher und wohlhabend geltende Costa Rica, das in seiner Verfassung das Recht auf Asyl verankert hat.

Ihre Hoffnungen und Erwartungen werden jedoch meist enttäuscht. Die Ticos sehen die Flüchtlinge als Gefahr für die ökonomische und politische Stabilität des Landes und machen ihnen den Aufenthalt nicht leicht. Sie werden oft als billige Arbeitskräfte auf den Bananenplantagen oder Kaffeefeldern ausgebeutet.

Religion

Mit der Ankunft der Spanier hielt der Katholizismus im Lande Einzug und verdrängte den Glauben der Indios. In den letzten Jahrzehnten jedoch bedrängten evangelikale Gruppen aus den USA mit starken Missionierungsgedanken immer mehr die Vorherrschaft der Katholiken, sodass letztere heute nur noch ca. 77 % der Bevölkerung stellen, während die Protestanten auf ca. 14 % angewachsen sind.

In der Verfassung ist die katholische Religion als Staatsreligion verankert, doch auch allen anderen Glaubensrichtungen wird die freie Religionsausübung garantiert. Es besteht jedoch strikte Trennung zwischen Kirche und Staat.

Sprache und Namen

Sprache

Bis auf die Küstengebiete um Limón, wo das sogenannte Pidgin-Englisch gesprochen wird, spricht man überall Spanisch. Das »Latino«-Spanisch klingt allerdings im Gegensatz zum Hochspanischen etwas weicher. Zudem gibt es einige regional typische Ausdrucksweisen. Unser kleiner Sprachführer (→ S. 197) vermittelt die wichtigsten Ausdrücke für den täglichen Gebrauch. Neben Spanisch wird in Großstädten und vielen Hotels auch Englisch verstanden.

Die meisten Buchstaben werden wie im Deutschen ausgesprochen. C spricht man, ausgenommen vor den Vokalen e und i, immer wie k und ll wie j aus. Für Calle (Straße) sagen Sie also »kaje«. H spricht man überhaupt nicht und j und g wie unser ch. Hotel San José klingt wie »otel san chosé«, wobei die Betonung auf dem e liegt. Das ñ spricht man wie nj aus. Zum Ort Cañas sagen Sie demzufolge »kanjas«.

Namen

Die Costa Ricaner haben in der Regel zwei Vornamen und zwei Nachnamen. Die Nachnamen setzen sich aus den jeweils ersten Nachnamen der beiden Elternteile zusammen, wobei zuerst der Nachname des Vaters und dann der Nachname der Mutter genannt wird. Frauen behalten auch in der Ehe ihre Geburtsnamen.

In der Anrede wird meist der erste Vorname benutzt und je nach Geschlecht Señora / Señor oder, bei älteren Leuten, Doña / Don vorangesetzt, z. B. Señora Ana oder Don Ronaldo.

Kultur

Costa Rica zieht die Besucher vor allen Dingen wegen seiner Naturschönheiten, nicht wegen seiner kulturellen Sehenswürdigkeiten an. Bis zur Mitte des letzten Jahrhunderts war es ein armes Bauernland und hat kaum nennenswertes Kulturgut hervorgebracht. Viele der ohnehin schon seltenen Zeugen der Indio-Vergangenheit wurden von den Spaniern zerstört. Das »Kulturereignis der Massen« ist der Stierkampf, bei dem in Costa Rica übrigens nur simuliert wird und kein Blut fließt.

Besonders lieben die Ticos das Theater. Es existieren viele kleine Theatergruppen im ganzen Lande. Zwischen 1890 und 1897 wurde das *Teatro Nacional* (Nationaltheater) von den einheimischen Kaffeebaronen errichtet. Der prunkvolle Bau ist dem Pariser Opernhaus nachempfunden und auch heute noch der glanzvolle Mittelpunkt des Kulturlebens in der Hauptstadt.

Costa Rica begann schon früh damit, ein effektives Schul- und Bildungssystem aufzubauen. 1848 wurde die Universidad Santo Tomás, die heutige *Universidad Nacional de Costa Rica*, gegründet. Im gleichen Jahr eröffnete man die erste Lehrerinnenbildungsanstalt. Dies war eine Sensation, bedeutete es doch für Frauen erstmals einen Zugang zu öffentlichen Aufgaben. In Spanien wagte man dies erst ganze 30 Jahre später! Seit

1869 ist die allgemeine Schulpflicht, die Kostenfreiheit des Schulbesuchs und die Verstaatlichung des Schul- und Erziehungswesens verfassungsmäßig verankert. Die Bildungsideale orientierten sich am liberalen Gedankengut Europas. Die Alphabetisierungsrate Costa Ricas ist mit 96 % die höchste in Lateinamerika.

Die Provinzen Costa Ricas

Im Staatswappen Costa Ricas (→ S. 3) sieht man sieben Sterne, welche die sieben Provinzen des Landes darstellen: San José, Alajuela, Heredia, Cartago, Limón, Puntarenas und Guanacaste. Die vier erstgenannten Provinzen nehmen großen Teils das zentrale Hochland ein. Dort ist die Bevölkerungsdichte am höchsten.

San José

Rund ein Drittel der costa-ricanischen Bevölkerung lebt in der Hauptstadt und der gleichnamigen Provinz. Die Kapitale ist in geografischer, wirtschaftlicher und kultureller Hinsicht das Herz Costa Ricas – und das, obwohl sie erst seit 1823 die Hauptstadtfunktion innehat.

Der ausländische Besucher kann ihr kaum entrinnen. Sie ist der Verkehrsknotenpunkt des ganzen Landes mit zwei Flughäfen, Busverbindungen in alle Landesteile und dem Sitz aller größeren Leihwagenfirmen.

Die Entwicklung zur Metropole fiel mit der Blütezeit der Kaffee-Ära zusammen. Gleichbleibende Temperaturen um die 20 Grad Celsius, ausreichende Regenfälle und eine genau begrenzte Trockenzeit sind die idealen Bedingungen für den Kaffeeanbau.

Mit ihren fruchtbaren vulkanischen Böden und dem Klima des ewigen Frühlings bietet die Provinz sowohl ein angenehmes Domizil als auch wirtschaftliche Anziehungspunkte.

Alajuela

Im 18. Jahrhundert drangen die Einwohner des Valle Central in Richtung Nordwesten vor. Besonders die äußerst fruchtbaren Hänge des Vulkans Poás reizten zur Besiedelung. Die Provinz verfügt über viele Anziehungspunkte, u.a. den Arenal-See (zum Teil, der größere Teil gehört zur Provinz Guanacaste), den Arenal-Vulkan, den Vulkan Poás mit seinem Nationalpark und Sarchí, der Wiege des einheimischen Kunsthandwerks.

Heredia

Die Stadtgründung *Heredias* verlief ähnlich wie die San Josés und Alajuelas. Wegen des weiten Weges zu den Kirchen der Städte Esparza und Cartago entschloss man sich mit dem Bau eines neuen Gotteshauses einen Ort zu gründen. 1763 erhielt er von dem damaligen Präsidenten der Provinz Guatemala Don Gonzalo Fernández de Heredia (daher der Ortsname) den Titel einer »Stadt« verliehen. 1848 bekam die Stadt dann das umliegende Gebiet zur Verwaltung als Provinz zugesprochen. Die Provinzhauptstadt mit ihren zahlreichen Gärten und Parkanlagen trägt den Beinamen *Ciudad de Flores* – Stadt der Blumen. Hier hat auch die zweitwichtigste Universität im Lande, die *Universidad Nacional*, ihren Sitz. Heredia ist die kleinste Provinz des Landes. Zu Beginn der Kaffee-Ära war sie das Zentrum des Kaffeeanbaus. Interessant ist auch der Braulio-Carillo-Nationalpark mit den biologischen Stationen *La Selva* und *Rara Avis* zur Erforschung der Flora und Fauna des tropischen Regenwaldes und der *Rain Forest Aerial Tram*.

Cartago

Die kälteste Provinz des Zentraltals ist Cartago mit seiner gleichnamigen Hauptstadt, die 1500

Meter über dem Meeresspiegel liegt. Bis 1823 war *Cartago* die Hauptstadt Costa Ricas, dann musste es diese Funktion im Rahmen innenpolitischer Auseinandersetzungen an San José abgeben. Während der gesamten Kolonialzeit war Cartago sowohl Sitz des Kirchenoberhaupts der Provinz, als auch der des Gouverneurs. Bis heute ist sie jedoch die traditionsreichste Stadt Costa Ricas geblieben. Ihre Geschichte ist fest mit dem größten Vulkan im Lande, dem *Irazú*, verbunden. Einerseits verhalf der fruchtbare Vulkanboden der Bevölkerung zu einem guten Auskommen, andererseits mussten die Menschen mit der ständigen Gefahr leben: 1841 und 1910 wurde Cartago total zerstört und musste aus dem Nichts wieder aufgebaut werden.

Das malerische *Orosital* und die Flussniederungen des *Río Reventazón* sind eine wahre Augenweide. Der *Guayabo-Nationalpark* ist auch für Archäologen interessant. Hier wurde eine Siedlung ausgegraben, die auf vorchristliche Zeit zurückgeht!

Limón

Die Provinz Limón erstreckt sich entlang der gesamten Atlantikküste. Hier setzte Kolumbus 1502 seinen Fuß auf costa-ricanischen Boden. Um seine Schiffe zu überholen, ankerte er damals bei der Limón vorgelagerten Insel *Uvita*.

Der Name der Stadt (und damit der Provinz) ist zurückzuführen auf einen Zitronenbaum, den Arbeiter beim Bau des Hafens vorfanden. Sie glaubten an ein kleines Wunder, den Baum, dessen Früchten man heilende Kräfte nachsagte, in dieser Region zu sehen.

In der zweiten Hälfte des 19. Jahrhunderts begann man mit dem Eisenbahnbau San José – Limón. Dafür und für die Bananenplantagen, die entlang der Bahntrasse angelegt wurden, benötigte man billige Arbeitskräfte, die nun aus der Karibik, insbesondere aus Jamaika, geholt wurden. Die Bahnverbindung wurde nach mehreren Erdbeben 1995 endgültig eingestellt. Die Provinz Limón mit ihren tropisch heißen Temperaturen beheimatet auch heute noch die meisten und größten Bananenplantagen Costa Ricas. Etwa 50 % der Bevölkerung dieser Provinz sind karibischer Abstammung.

Nördlich der Stadt *Limón* führt ein Kanal entlang der Küste bis hinauf an die Grenze zu Nicaragua. In *Tortuguero* kommt es zwischen Juni und Oktober zu einem einmaligen Schauspiel der Natur: Die grünen Riesenschildkröten kommen zu Hunderten an Land, um ihre Eier abzulegen. Aus diesem Grunde und zum Schutz der angrenzenden Sumpf- und Urwaldlandschaft wurde 1970 der *Nationalpark Tortuguero* gegründet.

Südlich der Provinzhauptstadt lassen zahlreiche Traumstrände das Herz der Wasserratten und Sonnenanbeter höher schlagen.

Puntarenas

Puntarenas ist die größte der sieben Provinzen und umfasst den Südzipfel der Halbinsel Nicoya und den größten Teil der Pazifikküste bis hinunter an die panamaische Grenze. Wunderschöne Naturschutzgebiete, wie der *Manuel Antonio Nationalpark*, der *Carara Nationalpark*, der Nebelwald von Monteverde und das Corcovado-Gebiet im Süden, gehören ebenso zu Puntarenas wie die *Isla del Coco*.

Die Stadt *Puntarenas* mit ihrem erstaunlichen Grundriss (sie verläuft der Länge nach in West-Ost-Richtung) wurde auf einer Sandbank im Golf von Nicoya erbaut. Trotz der geringen Meerestiefe und der damit verbundenen schwierigen Zufahrt für größere Schiffe baute man sie im letzten Jahrhundert zum Hafen für den Kaffeeexport aus.

Heute ist *Caldera* die wichtigste Hafenstadt im Westen. Puntarenas dagegen blieb Fähr- und Fischerhafen, der mit Cafés, Restaurants und Strandpromenade seine Besucher bei Laune hält.

Guanacaste

Die heute zweitgrößte Provinz des Landes gehörte zunächst zu Nicaragua, bis sich seine Bewohner 1824 in einem freien Volksentscheid für den Anschluss an Costa Rica aussprachen. Mit nur 26 Personen pro Quadratkilometer ist hier die geringste Einwohnerdichte zu verzeichnen. Dagegen liefern über eine Million Rinder das Fleisch für nordamerikanische Fast-Food-Ketten. Aus diesem Grunde wird Guanacaste auch oft der »Wilde Westen« Costa Ricas genannt. Das Viehzüchterland, das überwiegend aus Weidegebiet besteht, ist von allen Provinzen am trockensten. Lediglich in der Regenzeit wird die ausgedörrte braune Landschaft von einem satten, saftigen Grün überzogen.

Die Provinzhauptstadt *Liberia* liegt äußerst verkehrsgünstig an der Kreuzung der Interamerikana mit der Hauptstraße nach Nicoya. Sie hat sich zum Zentrum des Rinder- und Pferde-

Ochsenkarren in Guanacaste

handels und zugleich zu einem wichtigen Holzumschlagplatz und -verarbeitungszentrum entwickelt. 13 km westlich der Stadt liegt der zweitgrößte internationale Flughafen des Landes *Aeropuerto Internacional Daniel Oduber Quirós* (LIR). Im Osten bildet die *Cordillera de Guanacaste* mit ihren zahlreichen Vulkankegeln und einem Großteil des Arenal-Sees eine natürliche Barriere.

Der *Santa Rosa Nationalpark* im Norden ist sowohl wegen seiner vielfältigen Flora und Fauna, als auch wegen der historischen Gedenkstätte, die an die 1856 gewonnene Schlacht gegen William Walker erinnert, von Interesse.

Der *Rincón de la Vieja Nationalpark* lockt mit seinen heißen Quellen und seinen Schwefellöchern am Fuße des Vulkans *Rincón*.

Im Zentrum der Halbinsel *Nicoya* liegt die gleichnamige Stadt mit ihrer schönen Kirche aus der Kolonialzeit. Guanacastes Strände bieten für jeden Geschmack etwas: Faulenzen, Baden, Surfen, Kite- und Windsurfing, Schnorcheln, Tauchen und Hochseefischen.

Nationalparks und Naturschutzgebiete

Anfang der siebziger Jahre stieg das Umweltbewusstsein und das Interesse, Gebiete zum Schutz und zur Erhaltung einheimischer Pflanzen- und Tierarten zu schaffen. Daraufhin wurden viele Nationalparks gegründet und einige kleinere Naturschutzgebiete und biologische Reservate auf private Initiative hin errichtet. Heute ist das ganze Land geografisch in elf Schutzzonen aufgeteilt, die vom staatlichen *Sistema Nacional de Áreas de Conservación* (SINAC), einer Unterabteilung des Ministeriums für Umwelt und Energie (MINAE) verwaltet werden. Innerhalb dieser Schutzzonen gibt es insgesamt 28 Nationalparks, fünf biologische Reservate, ein Nationalmonument (Guayabo) und weit über 100 Wald- und Tierschutzgebiete und Privatreservate. All diese geschützten Flächen umfassen zusammen **mehr als ein Viertel der gesamten Staatsfläche**, prozentual so viel wie in keinem anderen Staat der Welt!

Die Nationalparks kosten Eintritt und sind oft mit Rangerstation, Picknickplätzen, Campingmöglichkeit, Trinkwasser, Parkplatz und Besucherzentrum ausgestattet. Ausgewiesene Wege führen durch die Parks. Diese sollten auch nicht verlassen werden. Oft finden Sie am Eingang einen kleinen Lageplan zur besseren Orientierung.

Klima und Geografie

Klima

Der Urlauber findet hier keine vier Jahreszeiten vor, wie es in unseren gemäßigten Breiten üblich ist. Zwei Klimaperioden, die Trockenzeit (zugleich die touristische Hochsaison = *high season*) und die Regenzeit (gerne »*green season*« genannt), wechseln einander ab. Sie werden in erster Linie von der Niederschlagsmenge und weniger von der Temperatur beeinflusst.

Costa Rica ist ein regenreiches Land. Im Jahresdurchschnitt fällt circa 3000 mm Niederschlag. Dieser ist aber innerhalb des Landes äußerst unterschiedlich verteilt. Im trockenen Guanacaste fallen z. B. nur 1500 mm Niederschlag jährlich, während es die Provinz Limón im gleichen Zeitraum auf die dreifache Niederschlagsmenge bringt.

Die von Nordwesten nach Südosten verlaufende Kordillerenkette wirkt als Klimascheide: Im Osten liegt die tropische, immer feuchte Karibikküste, im Westen dagegen besitzt die Pazifikregion einen tropisch wechselfeuchten Charakter.

Klimatabelle San José

	Jan.	Feb.	März	Apr.	Mai	Juni	Juli	Aug.	Sep.	Okt.	Nov.	Dez.
Tagestemperaturen in C	24	24	26	26	27	26	25	26	27	26	25	24
Nachttemperaturen in C	14	15	16	16	16	16	16	16	15	15	15	14
Sonnenstunden / Tag	7	8	8	7	5	4	4	5	5	5	5	6
Relative Luftfeuchtigkeit (in%)	81	79	78	79	83	85	83	84	85	86	84	82
Regentage	3	1	1	4	15	19	20	21	22	22	10	4

Klimatabelle Playa Jacó / Pazifikküste

	Jan.	Feb.	März	Apr.	Mai	Juni	Juli	Aug.	Sep.	Okt.	Nov.	Dez.
Tagestemperaturen in C	34	35	35	35	33	33	32	33	32	32	32	33
Nachttemperaturen in C	22	23	23	24	23	22	22	23	23	23	23	23
Wassertemperaturen in C	28	28	28	28	28	28	28	28	28	28	28	28
Sonnenstunden / Tag	9	9	9	8	7	5	5	5	5	5	6	8
Relative Luftfeuchtigkeit (in%)	64	62	59	62	73	83	78	81	82	85	81	72
Regentage	2	1	1	2	11	14	15	16	17	17	7	4

Klimatabelle Puerto Limón / Karibikküste

Jan.	Feb.	März	Apr.	Mai	Juni	Juli	Aug.	Sep.	Okt.	Nov.	Dez.
Tagestemperaturen in C											
29	30	30	30	31	31	30	30	30	30	30	29
Nachttemperaturen in C											
20	21	21	22	22	22	22	22	22	22	21	21
Wassertemperaturen in C											
26	26	27	27	28	28	28	28	29	28	27	27
Sonnenstunden / Tag											
5	5	6	6	5	4	4	5	5	5	5	5
Relative Luftfeuchtigkeit (in%)											
86	86	84	84	86	87	88	87	86	86	87	87
Regentage											
16	14	14	13	15	16	20	18	13	15	18	17

Der Küstenbereich an der Karibik kennt keine Trockenzeit! Die Niederschläge erreichen hier ihre Maxima jeweils dann, wenn die Sonne den südlichsten Stand (November – Januar), bzw. den nördlichsten Stand (Juni, Juli) auf ihrem Weg zwischen den Wendekreisen erreicht hat. Von Ende Oktober bis Anfang April kommt es häufig zu Steigungsregen an der Cordillera. Die Passatwinde treiben die feuchtheißen Luftmassen von Osten auf die Gebirgskette zu, wo sie aufsteigen und mächtige Wolken bilden, die sich in kräftigen Regengüssen entladen.

Auf der Pazifik-Seite existiert sowohl eine klar definierte Regenzeit, als auch eine klar definierte Trockenzeit. Letztere wird hier als »verano« (Sommer) bezeichnet. Sie hält ihren Einzug im November / Dezember und endet etwa im April / Mai. Die regenreiche Zeit in den übrigen Monaten nennt man dagegen »invierno« (Winter). Sie dehnt sich nach Süden hin immer weiter aus, so dass im Bereich Pacífico Sur, einschließlich der Halbinsel Osa, auch hohe Niederschlagsmengen über acht bis neun Monate im Jahr verzeichnet werden.

Temperaturunterschiede sind weniger von der Jahreszeit, sondern eher von der Höhenlage abhängig. San José mit seinen

1170 m über dem Meeresspiegel rühmt sich des ewigen Frühlings mit Durchschnittstemperaturen von 21 Grad. ***Die Küstengebiete dagegen messen durchschnittlich 10 Grad mehr!***

Geografie

Costa Rica liegt in Mittelamerika, zwischen Nicaragua im Norden und Panama im Süden. Die westliche Begrenzung bildet der Pazifik, die östliche der Atlantik.

Mit seinen 51 100 km² ist es kaum größer als das deutsche Bundesland Niedersachsen (47 635 km²). Die Nordwest – Südostausdehnung beträgt 470 km, die schmalste Stelle zwischen den beiden Ozeanen gerade 120 km!

Wie ein Rückgrat durchzieht die Kordillerenkette mit ihren zum Teil noch aktiven Vulkanen das Land. Eine Quersenke mit dem Arenal-Stausee und dem gleichnamigen Schichtvulkan trennt die *Cordillera de Guanacaste* im Norden von der *Cordillera de Tilarán*. Etwas östlich erhebt sich die circa 80 km lange *Cordillera Central* mit ihren Vulkanen *Poás, Barva, Irazú* und *Turrialba*.

Das Valle Central (Zentraltal) mit seinen fruchtbaren Böden und seinem angenehmen Klima unterbricht die Bergkette. Südlich schließt die *Cordillera de Talamanca* an, die bis nach Panama reicht und ganz im Süden fast die gesamte Breite des Landes einnimmt. Dazu gehört auch der *Cerro Chirripó*, mit 3820 m der höchste Berg des Landes. Auf der pazifischen Seite ist ihr die *Cordillera Costanera* vorgelagert, die bis zum *Golfo Dulce* abfällt. Dieser trennt die Halbinsel *Osa* vom Festland.

Die pazifische Küste mit ihren weiten Stränden, Flussmündungen und Felsbuchten bietet mehr Abwechslung als die karibische, wo das Landschaftsbild fast ausschließlich von Mangrovensümpfen nördlich von Limón und Sandstränden südlich der Provinzhauptstadt bestimmt wird.

Flora und Fauna

Flora

Costa Rica beherbergt eine unglaubliche Vielfalt an Tier- und Pflanzenarten. Auf der Landbrücke zwischen dem nord- und südamerikanischen Kontinent stoßen Tier- und Pflanzengattungen beider Landmassen aufeinander.

Auch die starken Höhenunterschiede sorgen für Abwechslung: Oberhalb von 600 m besteht die Vegetation vorwiegend aus immergrünem Berg- und Nebelwald mit immensem Reichtum an Farnen. Im ganzen Land gibt es über 800 verschiedene Farnarten! In den Niederungen und Küstengebieten finden Sie dagegen tropischen Regenwald und Mangrovensümpfe.

Eine Unzahl von Orchideen, Ananas-, Bananen- und Passionsblumengewächsen sowie uns fremde Baumarten faszinieren die Naturliebhaber. Die *Ananas* ist die wichtigste Nutzpflanze aus der Gattung der Bromelien. Ihre eiweißverdauende Wirkung, für die das Enzym Bromelin verantwortlich ist, schätzten bereits die Indianer. Zur Gattung der Orchideen gehört die *Vanille*, die ihre Aromastoffe jedoch erst nach einem Vorgang, der sich Mazeration nennt (Gewebezerfall unter Wassereinwirkung und Luftabschluss), freisetzt.

Warum ist die Banane krumm?

Die **Banane** ist eine der ältesten Nutz- und Kulturpflanzen der Welt. Sie hat ihren Ursprung in Südostasien und gelangte erst im 16. Jahrhundert über die Kanaren zunächst nach Santo Domingo und dann nach Zentralamerika.

Die Bananenstaude bildet aus der Mitte heraus einen Fruchtstand, der »*Büschel*« genannt wird und viele einzelne Blüten trägt. Nur aus den weiblichen Blüten entwickeln sich Früchte. Die einzelnen Bananenfrüchte nennt man »*Finger*«. 10 bis 20 Finger stehen am Büschel jeweils in »*Händen*« zusammen. An einem Büschel wachsen 10 bis 12 »*Hände*« und es wiegt 30 bis 50 Kilogramm. Die Früchte wachsen zunächst seitlich aus der Staude heraus und wenden sich später der Sonne zu. Darum ist die Banane krumm!

Bis die tropische Frucht für den Export bereit ist, sind viele Arbeitsschritte notwendig. Sie wird grün geerntet. Der *Cortador* (Schnitter) trennt die Büschel mit den Früchten von der Staude, die sodann abstirbt. Der *Cargador* (Träger) bringt die schweren, bananenbehangenen Büschel zu einer skiliftähnlichen Transportvorrichtung, wo oft bis zu 15 Stück an großen Fleischerhaken aufgehängt werden. Über ein kilometerlanges Transportnetz werden diese vom *Carrero* (Schlepper) häufig mit Hilfe von Zugtieren zu den Verarbeitungshallen gebracht. Dort trennen Arbeiter die »*Bananen-*

(1) Bananenstaude (2) Bananenschnitter (3) Bananenträger (4) Bananenschlepper (5) Bananenwäscherin und -verpackerin

hände« vom Stengel. Der körperlich etwas weniger anstrengende Teil bleibt meist den Frauen vorbehalten: Sie waschen die Bananen in riesigen Becken unter fließendem Wasser, sortieren sie nach Größe und Gewicht und verpacken sie versandfertig. Nach zwei- bis dreiwöchiger Schaukelpartie auf hoher See gelangt die tropische Frucht auf unseren Tisch.
Achtung: Im frühen Reifezustand (grün / gelb) sind die uns aus Europa bekannten süßen Obstbananen *(bananos)* und die eher mehlig schmeckenden Gemüsebananen *(platanos)* kaum zu unterscheiden.

Achten Sie auf die Etikettierung oder fragen Sie! Die Gemüsebananen (meist größer), auch Kochbananen genannt, schmecken in gekochtem, gebratenem oder frittiertem Zustand sehr lecker und gehören in Costa Rica je nach Zubereitungsart als Sättigungsbeilage (z. B. statt Reis) oder Nachspeise zu jedem Gericht. Roh sind sie nur in vollreifem Zustand, d. h. wenn die Schale fast schwarz ist, genießbar.

Kaffee in der Blütezeit

Die Kaffeepflanze gedeiht nur in Höhenlagen zwischen 800 und maximal 1500 m Höhe auf fruchtbarem Boden bei regelmäßigem Niederschlag und moderaten Temperaturen um die 20° Celsius. Junge Pflanzen tragen erst nach drei bis vier Jahren sorgfältiger Aufzucht erstmals Blüten und Früchte. Die Haupterntezeit für die roten, reifen Kaffee-Früchte ist der Monat Dezember. Dann werden überall auf den großen Plantagen Tagelöhner angeheuert, die im Akkord ihre vor den Bauch gebundenen Körbe füllen. Emsige Pflücker schaffen eine Korbfüllung in etwa 20 Minuten und erhalten dafür den Gegenwert von etwa 1 US$, ein selbst für einheimische Verhältnisse eher kärglicher Lohn. Die Kleinbauern, die auf dem eigenen Grund und Boden arbeiten, erlösen kaum mehr. Außerdem helfen viele Kinder bei der Kaffeeernte mit.

Die Früchte werden mit dem Traktor oder manchmal auch noch mit dem Ochsenkarren zu den Kaffeefabriken *(Beneficios)* transportiert. Dort erfolgt die Trennung vom Fruchtfleisch. Dann werden die Bohnen gewaschen, im Freien auf großen Betonflächen luft- und sonnengetrocknet und nach Größe sortiert. Es gilt der Grundsatz: **Je kleiner die Bohne, desto besser die Qualität!** Außerdem sind auch die Kaffeesorte und die Röstung maßgebend für die Qualität. Auf dem Weltmarkt dominieren der *Coffea Arabica* und der *Coffea Robusta* (auch *Coffea Rustica*). Ersterer ist sehr aroma-

Kaffeeernte

tisch und wird von den Amerikanern und den Mitteleuropäern bevorzugt. In südlichen Ländern trinkt man dagegen lieber den Coffea Robusta. Die Röstung des exportierten Kaffees erfolgt in Regel in den Abnehmerländern.
Die meisten Kaffeesorten gelangen, ebenso wie die Banane, unter massivem Chemieeinsatz zur Reife. Dies gefährdet ernsthaft die natürliche Flora und Fauna. Der großflächige Pestizideinsatz vergiftet die Flüsse. Diese münden in die Ozeane und bedrohen mit ihrem Schadstoffgehalt in ganz erheblichem Maße das marine Leben.
Einige Kleinbauern und Kooperativen bauen biologisch an, wobei die

Ernte naturgemäß etwas magerer ausfällt und das Endprodukt teurer wird.
Die beliebtesten in Costa Rica erhältlichen Sorten sind Café Britt 1820 Leyenda und Café Rey.
Qualitativ hochwertigen costa-ricanischen Kaffee erhalten Sie auch in Deutschland in einigen Supermärkten und bei:
www.costaricakaffee.de
www.supremo-kaffee.de
www.hochland-kaffee.de
Interessante Tages- und Halbtagestouren mit Besichtigung einer Plantage und des Verarbeitungsprozesses bieten u.a. folgende Kaffeeproduzenten an:
www.donjuancoffeetour.com (Monteverde)
www.coffeetour.com (Heredia, ca. 15 km nördlich von San José)
www.espiritusantocoffeetour.com (Naranjo, Alajuela, 7 km westlich von Sarchí)

Ananasplantage (unten) und Mangoernte (rechts)

Das Mammutblatt (*Gunnera manicate*) heißt in Costa Rica »der Regenschirm des armen Mannes« und kann bis zu 1,80 m Durchmesser erreichen.

Bananen und *Kaffee* werden in riesigen, künstlich angelegten Monokulturen angebaut, denen ursprünglich große Waldflächen weichen mussten.

Spezifisch für Costa Rica sind auch die *Würgefeigen*. Vögel fressen die reifen Früchte und verbreiten die Samen mit ihrer Ausscheidung weiter. *Helikonien* locken mit ihrem süßen Nektar besonders Kolibris an, die dann als Blütenstaubträger fungieren.

Der *Pochotebaum* kommt nur in den zentralamerikanischen Trockenwäldern vor und ist für die dortige Holzindustrie von großer Bedeutung. Man erkennt ihn an seiner stachligen Rinde. Der *Goldbaum* ist an der Pazifikküste Costa Ricas beheimatet. Zu Beginn der Trockenzeit wirft er seine Blätter ab und taucht dann ganze Landstriche mit seinen goldenen Blüten in ein Meer von Gelb. Der mächtige *Kapokbaum* (auch »Ceiba« genannt) wurde bereits von den indianischen Hochkulturen verehrt. Seine Äste sind oft dicht mit Bromelien und Orchideen besetzt.

Dem weißen Saft des *Milchbaums* (Baco, Mastate) wird heilsame Wirkung bei Magengeschwüren nachgesagt. Die grünen *Kokospalmen* vervollständigen das Bild eines wunderschönen, noch intakten Lebensraumes.

Fauna

Das häufigste »Haustier« auf dem gesamten amerikanischen Kontinent ist die *Kakerlake*, im spanischen Sprachraum liebevoll »La Cucaracha« genannt. Der für den Menschen völlig harmlose Müllvernichter schafft es immer wieder, vor allem die Damenwelt in helle Aufregung zu versetzen.

Blattschneiderameisen schleppen das Vielfache ihres Körpergewichts in langen Straßen durch den Urwald.

Auch *Ameisen* sind keine Seltenheit. In Costa Rica gibt es davon die exotischsten Arten. Eine davon ist die *Blattschneiderameise*, die mit ihren scherenartigen Mundwerkzeugen riesige Stücke aus Blättern schneidet und emsig durch die Gegend schleppt. Wer Kakerlaken und Ameisen als Haustiere wenig schätzt, sollte es vermeiden, ihnen Leckerbissen wie Speisereste, ungespültes Geschirr, Bierdosen mit geringsten Restmengen u.ä. als Köder auszulegen.

Tukane (ganz oben) und Riesen-Aras (oben) präsentieren ihre leuchtenden Farben.

Ornithologen und Schmetterlingsfreunde kommen in Costa Rica voll auf ihre Kosten. Der mit seinem leuchtenden, überdimensional großen und kräftigen Schnabel unverkennbare *Tukan* ist für Mittelamerika typisch. Aufmerksame und geduldige Beobachter finden den scheuen

Leguane verstecken sich in der üppig wuchernden Vegetation.

Kolibris umschwirren Blüten.

Vogel vor allem in den Küstenregionen und Nebelwäldern. Der Landesvogel heißt jedoch *Yigüirro* und singt so schön, wie er heißt.

Außerdem sind zahlreiche *Papageien-* und *Kolibriarten* in Costa Rica beheimatet. Die kleinen, wendigen Kolibris stehen ganz besonders auf Süßes. Sie werden vom Nektar der Heliconien, Orchideen und Passionsblumen angezogen. In den Urwäldern an der Küste sind

Pfeilgiftfrösche (links), Kapuzineräffchen (Mitte) und Totenkopfaffen (rechts) sind in vielen Naturschutzgebieten Costa Ricas anzutreffen.

Riesen-Aras mit einer Flügelspannweite bis zu zwei Metern keine Seltenheit. Mit ein bisschen Glück sehen Sie, z. B. in Monteverde oder bei San Isidro de El General, auch einmal den legendären *Quetzal*, das Wappentier Guatemalas. Der gefiederte Schlangengott Quetzalcoatl mit seinem meterlangen Schwanz wurde schon in der indianischen Mythologie verehrt.

In Costa Rica konnten bisher 135 ***Schlangenarten*** gezählt werden, von denen aber nur 17 giftig sind. Wenn Sie nicht gerade auf eine riesige, aber ungiftige *Abgottschlange (Boa constrictor)* stoßen, die ihre Opfer (kleine Säugetiere und Vögel) vor dem Verspeisen langsam zu Tode drückt, werden Sie die gut getarnten Kriechtiere nur schwer entdecken. Gerade das macht die giftigen Spezies so gefährlich (→ auch Kapitel *Gesundheitsvor- und -fürsorge,* S. 56 und *World of Snakes,* S. 107).

Im ganzen Land, besonders aber im trockenen Nordwesten, gibt es viele *Leguane (Iguanas)*. Diese drachenähnlichen Wesen mit ihren Zacken auf dem Rücken muten wie Überbleibsel aus grauer Urzeit an.

Der *Pfeilgiftfrosch* ist zwar winzig klein, aber durch seine leuchtend rote, grüne, gelbe, blaue, meist gesprenkelte Oberfläche weithin gut erkennbar. Bei Berührung sondert seine Haut

ein giftiges Sekret aus, mit dem die Indianer früher die Spitzen ihrer Waffen tränkten. Für den Menschen ist das Gift nur dann gefährlich, wenn es ans Auge, an die Schleimhäute oder in die Blutbahn gerät. Potentiellen Angreifern, wie Leguanen und Vögeln, kann der kleine Frosch mit seinem Angstschweiß jedoch gehörig den Appetit verderben. Anstandsweise signalisiert er diese Gefahr jedoch durch seine grelle Warnfarbe. So hilft die Natur ihren Kreaturen nicht nur mit Tarnfarben, sondern auch mit Warnfarben zu überleben.

Häufig trifft man in Küstennähe *Riesenkröten* vom Typ *Sapo Grande* an. Man muss nur frühmorgens oder spätabends dem unüberhörbaren Gequake nachgehen.

Nicht selten werden Sie ***Affen*** in freier Wildbahn antreffen: das *Kapuzineräffchen*, das mittelamerikanische *Rotrücken-Totenkopfäffchen*, den mittelamerikanischen *Klammeraffen* oder den kaum zu überhörenden *Brüllaffen*.

Nicht zu vergessen sind natürlich auch die *Riesenschildkröten*, die zur Eiablagezeit ein faszinierendes Naturschauspiel bieten (siehe auch → Tortuguero, S. 181). Wissenschaftler versuchen noch immer die Frage zu klären, wie es den Tieren gelingt, nach Jahren wieder zum Strand ihrer Geburt zurückzufinden.

Abgerundet wird das Bild der einheimischen Tierwelt durch *Jaguar*, *Puma* und die ihrem Namen alle Ehre machenden *Faultiere*.

Praktische Reisetipps

An- und Abreise

Flugverbindungen

CONDOR (DE) fliegt mehrfach wöchentlich von Frankfurt/Main mit einem Zwischenstopp in Santo Domingo (DOM) oder Panama Stadt (PA) nach San José. Beliebt sind auch die täglichen Verbindungen von allen europäischen Großstädten mit IBERIA über Madrid nach San José. Flüge mit Zwischenstopps in den USA sind für viele Reisende wegen der oft strapaziösen US-Einwanderungsprozedur (auch für Transit-Reisende) und der langen Gesamtreisedauer nur mehr dritte Wahl.

Einreisebestimmungen

Für Deutsche, Österreicher und Schweizer ist bei einer Aufenthaltsdauer bis zu 90 Tagen kein Visum erforderlich. Es muss jedoch auf Aufforderung ein gültiges Rückreise- oder Weiterreiseticket vorgelegt und nachgewiesen werden können, wie der Aufenthalt in Costa Rica finanziert werden soll (z. B. durch Vorlage einer Kreditkarte). Außerdem muss der Reisepass bei Einreise noch mindestens sechs Monate gültig sein.

Reisende, die mit Zwischenstopp in den USA an- oder abreisen müssen zusätzlich die Einreisebestimmungen der USA erfüllen.

Vertretungen deutschsprachiger Länder in Costa Rica

Deutsche Botschaft, Tel.: 2290-9091, Bereitschaftsdienst Tel.: 8381-7968, Fax: (00506) 2231-6403, Sabana Norte, Torre Sabana, 8. Stock, 300 m westlich von ICE Sabana, San José, CR

Website: ***www.san-jose.diplo.de*** – Sehr informativ und gut gemacht! Deutsche Sprachwahl.

Schweizer Botschaft, Tel.: 2221-4829, Fax: 2255-28 31
Paseo Colón, Edificio, Centro Colón, 10. Stock, San José, CR

Österreichisches Honorargeneralkonsulat, Tel.: 2239-3616, Cariari, Heredia, CR
Übergeordnete Österreichische Botschaft in Mexiko, Tel.: (0052/55) 52 51 08 06

Zoll bei Einreise nach Costa Rica

Gegenstände für den persönlichen Bedarf können zollfrei nach Costa Rica eingeführt werden. Dazu gehören neben der eigenen Kameraausrüstung auch bis zu 400 Zigaretten oder 500 Gramm Tabak sowie maximal drei Liter alkoholische Getränke. Fleisch- und Wurstwaren, Milch- und Milchprodukte, Obst, Gemüse, Erde (auch Blumen in Blumenerde) und Drogen dürfen nicht eingeführt werden. Die

Empfehlungen fürs Reisegepäck

- Sommerkleidung
- Unterwäsche
- langärmeliges Hemd und lange Hose
- Badeanzug / Badehose
- Badetuch
- Sonnencreme
- Lippenschutz
- Insektenschutzmittel
- Moskitonetz (sinnvoll bei Exkursionen in den Nordosten des Landes)
- Sonnenbrille mit starker Tönung
- Schirmmütze mit Nackenschutz oder breitkrempiger Sonnenhut
- Sandalen
- Taschenlampe
- Multifunktionstaschenmesser (nicht ins Bordgepäck!)
- Tubenwaschmittel
- Waschbecken-Stöpsel (Baumarkt)
- Wecker
- Ohrstöpsel
- Wörterbuch / Phrasenbuch
- Foto- und Videokamera
- ausreichend Speichermedien für die Kameras
- USB-Stick / MP3/4-Player

Einfuhr von Landes- und Fremdwährung ist in jeder Höhe erlaubt, muss aber ab einem Gesamtwert von 10 000 US$ bei der Einreise deklariert werden.

Zoll bei Einreise nach Deutschland

Wer mindestens 17 Jahre ist, darf 200 Zigaretten (oder 100 Zigarillos oder 50 Zigarren) und ein Liter Hochprozentiges (oder zwei Liter bis 22 % Alkoholgehalt oder vier Liter Wein oder 16 Liter Bier) zollfrei nach Deutschland einführen. Zusätzlich dürfen Reisende über 15 Jahre Waren bis zu einem Wert von 430 EUR (unter 15-Jährige bis zu 175 EUR) zollfrei einführen.

Ein besonderes Augenmerk legt der Zoll bei Reisenden aus Costa Rica neben der Fahndung nach Drogen auf die Einhaltung des Artenschutzes und der Waffengesetze. Viele Muscheln, Schnecken, Korallen und präparierte Tiere, die auf den Souvenirmärkten feilgeboten werden, sind nach dem Washingtoner Artenschutzübereinkommen geschützt. Die unerlaubte Einfuhr wird mit empfindlichen Strafen belegt. Auch wer Softair-Waffen, Paintball-Marker, Wurfsterne, Schlagringe und Butterfly-Messer einführt, muss mit einer Anzeige und hohen Strafen rechnen. Problemlos durch den deutschen Zoll bringen Sie **Macheten**, egal wie groß sie sind und wie gefährlich sie aussehen. Allerdings müssen Sie dieses Andenken beim Heimflug im Koffer aufgeben und dürfen damit keinesfalls in die Flugzeugkabine!

Weitere Details finden Sie auf den gut gemachten Websites *www.zoll.de* und *www.wisia.de* (Artenschutz-Infos).

Reisebüros und Tourenangebot

Reiseveranstalter in Deutschland

Reallatino Tours, Tel.: 0341-23 10 65 93, *www.reallatino-tours.com*
Miller Reisen, Tel.: 07529-9713-33 und -71, *www.miller-reisen.de/de/reisen-costa-rica.htm*
md-tours, Tel.: 07072-920270, *www.costarica-individuell.de*

Tourenveranstalter und Reisebüro in Costa Rica

Aventuras Tierra Verde, Tel.: 2249-2354, *www.in-costa-rica.de* (Hotels / Open Vouchers, Leihwagen, Touren)

Flugbuchungen / IATA-Reisebüros in Costa Rica

Conexpres, Tel.: 2221-0155, *www.conexpres.com* (Stadtplan San José, Pos. 5)
EASA, Tel.: 2256-5458, *www.easacr.com* (Stadtplan San José, Pos. 11)
FAST, Tel.: 2256-3636, *www.fast.cr* (Stadtplan San José, Pos. 12)

Verkehrsmittel

Flugverkehr

Im Großraum San José liegen zwei internationale Flughäfen:

Der *Aeropuerto Internacional Juan Santamaría* (SJO) ist der größte Flughafen des Landes und knapp 20 km nordwestlich des Zentrums der Hauptstadt angesiedelt. Hier starten und landen alle transkontinentalen Flüge aber auch Inlandsflüge von *SANSA* und *Nature Air*.

Der deutlich kleinere *Aeropuerto Internacional Tobías Bolañes* (SYQ) liegt im Stadtteil Pavas und beherbergt vorwiegend private Charterfirmen (Kleinflugzeuge, Hubschrauber), die Inlandsflüge und Flüge in die angrenzenden Nachbarstaaten anbieten.

Erwähnenswert ist auch der *Aeropuerto Internacional Daniel Oduber Quirós* (LIR) 13 km westlich der Stadt Liberia in Guanacaste, der u. a. von einigen kanadischen und US-amerikanischen Fluglinien angeflogen wird.

Darüber hinaus sind in ganz Costa Rica 35 weitere Landepisten verteilt, die mit Regionallinien oder per Individualcharter erreicht werden können.

Die ehemalige costa-ricanische Staatslinie LACSA (*Lineas Aereas Costarricenses S.A.*) hat mit Grupo TACA und AVIANCA fusioniert und firmiert seit 2014 nur noch unter dem einheitlichen Markennamen **AVIANCA**, Tel.: 2299-8222, *www.avianca.com*

SANSA, preisgünstige Regionalfluglinie, Tel.: 2290-4100, *www.flysansa.com*

Nature Air, täglich zu 13 Zielen innerhalb Costa Ricas sowie 3 x wöchentlich nach Bocas del Toro (Panama) und 3 x wöchentlich nach Managua (Nicaragua). Moderne Flotte, CO_2-neutrale Flüge, Tel.: 2299-6000, *www.nature-air.com*

Aerobell Air Charter, Individualcharter mit Propellerflugzeugen für 5–12 Personen, ab Aeropuerto Tobías Bolañes, Pavas, San José, Tel.: 2290-0000, *www.aerobell.com*

Individualcharter

Aerotour, Hubschraubercharter, ideal für Foto-und VIP-Flüge, naturgemäß deutlich teurer als Flugzeugcharter, Flotte: Eurocopter AS 350, Robinson R44 und R66, Tel.: 2232-0660, *www.aerotourcr.com*

Taxi

Taxis – im Großraum San José gibt es 3000 davon – sind in Costa Rica ein beliebtes und relativ preiswertes Fortbewegungsmittel. Die Fahrer berichten gerne über Land, Leute und aktuelle Ereignisse. Innerhalb der Hauptstadt fahren Sie mit dem Taxi in der Regel günstiger und bequemer als mit einem Leihwagen und sparen auch noch Parkplatzsuche und Parkgebühren.

Die Fahrt vom Internationalen Flughafen *Juan Santamaría* zum Stadtzentrum San José kostet tagsüber 25 bis 30 US$, nachts und zu den Stoßzeiten 30 bis 35 US$. Nach unserer Erfahrung ist der Preisrahmen gleich, egal ob Sie auf das Einschalten des Taxameters bestehen oder einen Pauschalpreis vereinbaren. Eine Stadtfahrt kostet selten mehr als 3–4 US$. Einige Taxifahrer bie-

Nehmen Sie nur Taxis, die ausdrücklich als solche gekennzeichnet sind und über ein funktionierendes Taxameter, auch »María« genannt, verfügen. Bestehen Sie entweder auf das Einschalten des Taxameters oder vereinbaren Sie vor dem Fahrtantritt unmissverständlich einen Festpreis!

ten auch Ausflugstouren (halbtags / ganztags) an.

Taxis bestellen Sie am besten über Ihr Hotel, das in der Regel mit vertrauenswürdigen Fahrern zusammenarbeitet. Viele Taxifahrer sind selbstständige Unternehmer. Gute Erfahrungen haben wir u. a. gemacht mit Nelson, Tel.: 6090-1269 (spricht engl.) und Johel, Tel.: 8388-0738 (spricht engl.).

Busverkehr

Der öffentliche Bus ist in Costa Rica mit Abstand das billigste und am meisten benutzte Verkehrsmittel. Es gibt kaum einen Winkel des Landes, der nicht mindestens einmal täglich von der Hauptstadt aus per Bus erreicht werden könnte. Mehr als dreißig Busstationen verschiedener Gesellschaften sind über ganz San José verteilt. Die Busse fahren pünktlich ab. Vor dem Einsteigen müssen sich alle Fahrgäste in meist langen Schlangen anstellen. Wer nicht mehr mitkommt, muss auf den nächsten Bus warten. Im Regionalverkehr hält der Fahrer oft auch zwischen den Haltestellen, wenn Sie laut *¡parada!* (Haltestelle!) rufen.

Einen detaillierten Busfahrplan erhalten Sie beim *Instituto Costarricense de Turismo* (ICT) oder im Internet unter *www.visitcostarica.com* → deutsche Sprachwahl → Sitemap → Busfahrplan.

Etwas bequemer, aber deutlich teurer reisen Sie zu vielen touristischen Destinationen in den

Tragen Sie bei Busfahrten Pass, Geld und Kreditkarten immer am Körper. Wertsachen wie Laptop und Kameras nie aus den Augen lassen und nie im kleinen oder großen Gepäck (Koffer, Rucksack) in den Laderaum geben! Öffentliche Busse am besten mit Colones bezahlen.

Minibussen privater Unternehmer, die Ihnen nicht nur das Schlangestehen ersparen, sondern Sie sogar vom Hotel abholen.

Gut etabliert sind:
Interbus, Tel.: 4100-0888, *www.interbusonline.com* und
Gray Line, Tel.: 2220-2126, *www.graylinecostarica.com*

Bahn

Die Möglichkeit, weite Teile des Landes im romantischen Dschungelzug zu erforschen, gibt es seit über 20 Jahren nicht mehr. Der Abzug der *United Fruit Company* 1985, die weitreichende Zerstörung der Gleise durch mehrere Erdbeben und Erdrutsche und der Neubau von Autobahnen haben den Schienenverkehr um 1995 zum Erliegen gebracht.

Auf der Suche nach Alternativen zu dem, vor allem zu Stoßzeiten, überlasteten Busnahverkehr in San José erinnerten sich pfiffige Stadtplaner, dass es doch noch zwei schöne Bahnhöfe und einige intakte Schienennetze im Nahbereich der Hauptstadt gibt. Schon bald waren die *Estación del Atlántico* (Av. 3 / Calle 21) und die *Estación del Pacífico* (Av. 20 / Calle 10) wieder fein herausgeputzt und seit 2008 befördern zugkräftige Dieselloks zu Stoßzeiten lange Waggonreihen mit Pendlern vom Umland in die Hauptstadt und zurück. Für Ticos eine interessante Alternative zum öffentlichen Bus, für touristische Exkursionen, last not least wegen der eingeschränkten Verkehrszeiten, nur bedingt geeignet.

Den aktuellen Fahrplan finden Sie unter *www.trenurbano.co.cr*

Mietwagen, Navi

Namhafte US-amerikanische Leihwagenfirmen wie AVIS, BUDGET, DOLLAR, HERTZ und NATIONAL sind am internationalen Flughafen Juan Santamaría vertreten und haben auch Stadtbüros in San José. Darüber hinaus gibt es noch jede Menge mehr oder weniger seriöse einheimische Mietwagenfirmen und ständig kommen neue hinzu. Der Preisvergleich im Internet fällt schwer, zumal Alter und Zustand der Fahrzeuge nicht ersichtlich sind und die Tücke oft im Kleingedruckten, insbesondere bei den Versicherungsleistungen und den Kosten dafür, liegt.

Wir empfehlen, sowohl die LDW-Basisversicherung (Loss Damage Waiver) als auch die SPP-Zusatzversicherung (Supplemental Protection Plan) abzuschließen. In der oft regenrei-

Mit einem Geländewagen sind Sie fürs Hinterland gut gerüstet.

chen *»green season«* (Mai bis November) sollten Sie unbedingt einen Geländewagen mit Vierradantrieb mieten. In der übrigen Zeit erreichen Sie die meisten Landesteile zwar auch mit einem normalen Pkw, der größere Bodenabstand eines Geländewagens erweist sich jedoch bei den häufig auftretenden und tiefen Schlaglöchern auf Costa Ricas Straßen ganzjährig als Vorteil.

Sehr gute Erfahrungen haben wir mit der Agentur ***Tierra Verde*** gemacht (*www.tierra-verde.com* → Sprachwahl Deutsch → Mietwagen). Die Agentur steht unter deutscher Leitung, das Preis-Leistungsverhältnis stimmt und Sie haben dazu noch zwei große Vorteile: Die Vertragsbedingungen werden Ihnen in deutscher Übersetzung ausgehändigt und Sie erreichen im Notfall immer einen deutschsprechenden Ansprechpartner!

Der Mieter und Fahrer eines Leihwagens muss mindestens 23 Jahre sein. Bei einem Aufenthalt bis zu drei Monaten genügt die Vorlage eines gültigen nationalen Führerscheins des Heimat landes sowie des Reisepasses mit Touristenvisum (Einreisestempel) und einer Kreditkarte (für die Kautionsleistung zwingend erforderlich).

- Wollen mehrere Reisende das Fahrzeug abwechselnd steuern, müssen auch sie Führerschein und Pass vorlegen und sich explizit in den Mietvertrag eintragen lassen. Oft ist der erste zusätzliche Fahrer kostenfrei, weitere sind dagegen kostenpflichtig.
- Eine frühzeitige Leihwagenbuchung vor Abflug aus dem Heimatland ist zu empfehlen!
- Prüfen Sie den Leihwagen gründlich bei der Übernahme.
- Unterschreiben Sie nur, was sie auch verstehen!

Ein **Navigationsgerät** ist zusätzlich zu einer guten Landkarte durchaus hilfreich. Man darf jedoch von den hinterlegten Daten nicht die gleiche Qualität und Dichte erwarten, wie man das aus europäischen Ballungsräumen gewohnt ist. Fast alle Leihwagenfirmen bieten die Miete eines Navis an, allerdings zu hohen Preisen. Aktuelle Datenchips zu Costa Rica sind in Europa nur von wenigen Herstellern erhältlich und ebenfalls teuer. Die günstigste Variante ist das Mieten eines *Navis mit Gerätekarte für Costa Rica* rechtzeitig vor der Abreise in Deutschland bei ***www.navi-mieten-world.de***, Tel.: 07844-47697. Die Karten sind auf dem jeweils aktuellsten Stand und der Service ist ausgezeichnet!

Straßenverkehr

In Costa Rica fährt man – ebenso wie auf dem europäischen Festland – auf der rechten Straßenseite. Innerhalb geschlossener Ortschaften ist die erlaubte Fahrgeschwindigkeit auf 40 km/h, außerhalb geschlossener Ortschaften auf 60 km/h begrenzt, soweit nicht anders ausgeschildert. Vor Schulen und Krankenhäusern sind maximal 25 km/h erlaubt. Radarkontrollen sind häufig und die Bußgelder saftig!

Landesweit gilt **Anschnallpflicht** für alle Insassen und absolutes **Alkohol- und Drogenverbot.** Das Befahren der Strände ist strikt verboten. Das Rechtsabbiegen an roten Ampeln ist dagegen erlaubt. Größere und stärkere Fahrzeuge wie **Busse und Lkws haben immer Vorfahrt**, und man hüte sich vor einer Kraftprobe nach offiziellen Verkehrsregeln!

Ein rechteckiges, weißes Schild mit der schwarzen Aufschrift »NO HAY PASO« bedeutet so viel wie »Hier geht's nicht rein« und entspricht unserem runden, roten Verbotsschild mit dem weißen Querbalken. Wer das Schild übersieht, fährt gegen eine Einbahnstraße und kann großen Ärger bekommen.

Sicherheit im Straßenverkehr

- Halten Sie Geschwindigkeitsbegrenzungen unbedingt ein!
- Meiden Sie Fahrten bei Nacht und in der Dämmerung.
- Bewegen Sie im Falle eines Unfalls ihr Fahrzeug nicht, bevor Verkehrspolizei und ein Vertreter der Versicherungsgesellschaft die Unfallstelle begutachtet haben!
- Verständigen Sie bei einer Panne Ihren Autovermieter oder die Polizei.
- Lassen Sie sich bei einem Reifenwechsel möglichst nicht von Fremden helfen.
- Behalten Sie bei Unfall oder Panne immer Ihr Gepäck im Auge und Ihre Wertsachen am Körper.

Gelb gestrichene Bordsteine bedeuten Parkverbot, rot gestrichene Halteverbot.

Die Ampeln hängen häufig – wie in den USA – in der Straßenmitte, was für Europäer etwas gewöhnungsbedürftig ist. Offizielle Parkplätze sind schwer zu bekommen. Fragen Sie nach einem *Parqueo Publico* (kostenpflichtig, bewacht).

Naturgewalten wie Erdrutsche und Steinschlag und ihre Folgen gehören geologisch und klimatisch bedingt zum Alltag in Costa Rica und müssen immer wieder aufs Neue bezwungen werden. Ein vorsichtiger, vorausschauender Fahrstil ist hier unbedingt angebracht! Auch wenn die Entfernungen in Costa Rica kurz erscheinen, nehmen Überlandreisen oft viel Zeit in Anspruch. Bei längeren Strecken geht man, je nach aktuellem Straßenzustand, von einer durchschnittlichen Fahrleistung von 30–40 km/h aus.

Überholverbot gilt grundsätzlich auf allen Brücken und bei durchgezogener Fahrspurlinie. Mit tiefen Schlaglöchern, Fröschen, Rindern, Kindern, abgestellten Fahrzeugen oder anderen, unvorhersehbaren Hindernissen auf der Fahrbahn muss jederzeit und auch nach jeder Kurve gerechnet werden. Der Verkehr auf Brücken ist häufig einspurig. Zweige, Äste oder Grünzeug jeglicher Art auf der Fahrbahn haben in Costa Rica die gleiche Bedeutung wie in Mitteleuropa das Warndreieck. Nachts wird manchmal unbeleuchtet oder nur mit Standlicht gefahren. Von Nachtfahrten ist daher abzuraten.

Bei einem **Unfall** dürfen die beteiligten Fahrzeuge erst nach Begutachtung der Situation durch die Polizei **und** durch einen Sachverständigen der Versicherungsgesellschaft bewegt werden. Abweichendes Verhalten kann als Schuldeingeständnis gewertet werden. Diese Regelung gilt als Ursache für viele kilometerlange Staus.

Besondere Vorsicht ist auch bei einer **Reifenpanne** geboten. Nicht selten wird die Panne durch Gauner provoziert (Nägel auf der Fahrbahn), die hinterher freundlich ihre Dienste beim Wechseln des Reifens anbieten, während sich die Fahrzeuginsassen ein wenig die Beine vertreten. Kaum ist die Reifenpanne behoben, steigen die lieben Helfer blitzschnell ein und rauschen davon, meist mit viel Gepäck und allen Wertsachen!

Die Benzinpreise liegen im Schnitt um 30 % niedriger als in Deutschland.

Gesundheitsvor- und -fürsorge

Impfungen

Nur wer aus Gelbfiebergebieten einreist, muss eine Impfung gegen Gelbfieber vorweisen. Ansonsten sind für die Einreise

nach Costa Rica keine Impfungen vorgeschrieben.

Statistisch gesehen bringt jedoch jeder Urlaub aufgrund der verstärkten Freizeitaktivitäten auch ein erhöhtes Verletzungsrisiko mit sich. Ein guter Grund also, den Impfschutz gegen *Tetanus* (Wundstarrkrampf) wieder aufzufrischen, am besten gleich in Kombination mit einer *Diphtherie-Impfung.* Auch das Risiko einer Infektion mit *Poliomyelitis-Viren* (Auslöser der Kinderlähmung) ist in Mittel- und Südamerika höher als in Europa. Die letzte Schluckimpfung sollte daher nicht länger als zehn Jahre zurückliegen. Zusätzlich empfohlen wird die Impfung gegen *Hepatitis A*, bei längerem Aufenthalt auch gegen *Hepatitis B* und *Tollwut.* Vorbeugemaßnahmen gegen *Typhus* (Tabletten) sind bei Reisen unter schlechten Hygienebedingungen zu empfehlen, z. B. dann, wenn Sie durchs Hinterland reisen und

Tipps zur Vorsorge

- Auslandskrankenversicherung mit Krankenrücktransport abschließen!
- Lassen Sie sich vor Ihrer Abreise aus Europa durch Ihren Hausarzt beraten und Ihre Reisetauglichkeit bestätigen.
- Nützliche reisemedizinische Infos finden Sie unter *www.frm-web.de,* reisemedizinische Beratungs- und Untersuchungsstellen unter *www.dtg.org*
- Ärzte und Notrufnummern siehe vordere Umschlaginnenseite!

auch mal auf dem Markt oder in kleinen, einheimischen Restaurants essen wollen.

- **Gesundheitspass** mit Impfdaten, Blutgruppe und ggf. Allergien mitnehmen!

Malaria

Für die meist gut behandelbare *Malaria tertiana* besteht ein geringes Risiko an der Karibikküste nördlich von Limón und ein minimales Risiko in den übrigen Landesteilen. Als malariafrei gelten alle Städte und das zentrale Hochland.

Den bei uns unter dem Handelsnamen Resochin bekannten Wirkstoff Chloroquin gibt es in Costa Ricas Apotheken rezeptfrei unter dem Namen *Plaquinol.*

Wer nur einen kurzen Ausflug in ein Risikogebiet unternimmt muss letztlich selbst entscheiden, ob die relativ aufwändige und auch noch vier Wochen nach Reiseende durchzuführende medikamentöse Prophylaxe in einem vernünftigen Verhältnis zur Risikominderung steht.

Als alternative Schutzmaßnahme können folgende Vorkehrungen das Risiko, von der nachtaktiven, krankheitsübertragenden *Anopheles-Mücke* gestochen zu werden, mindern:

- Tragen von hellen, *langärmeligen* Hemden und *langen* Hosen zur Abenddämmerung und *körperbedeckender* Schlafkleidung
- Verwendung von Insektenschutzmitteln
- Verwendung eines *Moskitonetzes* in den oben genannten Gefährdungsgebieten
- Verwendung von Insektenschutz-Duftkissen oder -Duftkerzen im Zimmer

Achtung: Informieren Sie bei hohem Fieber auch Monate nach Ihrer Rückkehr aus dem Urlaub Ihren Arzt über Ihren Tropenaufenthalt!

Dengue-Fieber

Das Dengue-Fieber wird durch die vorwiegend tagaktive Mücke *Aedes aegypti* übertragen und ist (leider) in allen Landesteilen Costa Ricas sowie in ganz Mittel- und Südamerika auf dem Vormarsch. Die Hauptsymptome sind hohes Fieber, Augen-, Kopf-, Rücken- und Gelenkschmerzen sowie Schweißausbrüche und Hautausschläge. Die Inkubationszeit beträgt 2 bis 14 Tage.

Gegen Dengue-Fieber gibt es weder eine Impfung, noch eine medikamentöse Prophylaxe. Einzige Vorbeugungsmöglichkeiten sind Hautschutz mit Insektenabwehr, körperbedeckende Kleidung, klimatisierte Räume, Moskitonetz.

Bei Verdacht keine acetylsalicylsäurehaltigen Medikamente (ASS, Aspirin) einnehmen und einen Arzt oder ein Krankenhaus aufzusuchen! Eine Ansteckung von Mensch zu Mensch ist nicht möglich.

Nahrung und Wasser

»Boil it, cook it, peel it – or forget it«, heißt eine alte Tramperregel. Auf gut deutsch: Essen Sie nichts, was nicht geschält (Obst), gekocht oder gut durchgebraten ist. Das gilt sicherlich auch für Costa Rica. Trinken Sie bitte nur gekauftes Trinkwasser (Verschlusssiegel prüfen!) und benutzen Sie dieses auch zum Zähneputzen! Führen Sie bei Reisen ins Hinterland immer ausreichend Trinkwasser mit.

Waschen Sie häufig und gründlich Ihre Hände mit Seife, in jedem Fall jedoch vor der Essenszubereitung und nach der Toilettenbenutzung.

Sonne

Die Sonneneinstrahlung ist im ganzen Land sehr intensiv und wird oft unterschätzt. Je nach Hauttyp sollten Sie sich daher gut mit Sonnencreme und Lippenpomade schützen und Ihren Körper langsam an die UV-Strahlen gewöhnen. Sonnenschutzmittel mit den gängigen Lichtschutzfaktoren gibt es in allen Landesteilen. Schirmmütze oder ein breitkrempiger Hut helfen Ihnen, immer kühlen Kopf zu bewahren.

Was aber, wenn's nun mal passiert ist? Abends rötet sich die Haut, beginnt zu brennen und zu jucken. Sofort bei den ersten Anzeichen dieser Art der Haut so viel Flüssigkeit wie möglich zuzuführen, hilft meist Schlimmeres zu verhindern. Besonders gut eignet sich hierfür reine *Aloe Vera* (in Costa Rica in Supermärkten und in Apotheken erhältlich!). Das kühlende und wasserspendende Naturprodukt muss allerdings bis zum Abklingen der Symptome alle 2 Stunden aufgetragen werden und **weitere Sonnenexpositionen sind in dieser Zeit zu vermeiden!**

Sex

Urlaubsstimmung, karibisches Flair und ein paar Cocktails verleiten alleine reisende Damen und Herren nicht selten zu sexuellen Abenteuern. Die Risiken und Nebenwirkungen soll jeder selbst einschätzen können. Wer jedoch kein Freund des Russischen Roulettes ist, darf auch **kein einziges Mal** auf die Benutzung eines Kondoms verzichten!

Durchfall (Diarrhoe)

Durchfall ist die mit Abstand häufigste Urlaubsplage. Ein leichter Reisedurchfall, wie er gelegentlich innerhalb der ersten 3 Tage nach Ankunft auftritt, ist meist auf den veränderten Bio-Rhythmus, Klimawechsel, Reisestress, und last not least die Umstellung der Ernährung zurückzuführen.

Zur Vorbeugung und Behandlung solcher Reisedurchfälle helfen die in deutschen Apotheken rezeptfrei erhältlichen Präparate *Perenterol* und *Tannacomp*. Wer trotz Durchfall unbedingt an einem gebuchten Ausflug teilnehmen will, kann durch Einnahme von *Loperamin*, einer Art »chemischer Stöpsel«, seinen Enddarm für eine Weile stilllegen.

Wirklich schwere Durchfälle hingegen haben ihre Ursache immer in der massiven Aufnahme von Bakterien und Viren, am häufigsten über verunreinigtes Wasser, Salate und ungeschältes Obst. Sollte der Durchfall mit

Tipps zur Reiseapotheke

Bitte denken Sie daran, Medikamente, die Sie regelmäßig einnehmen müssen, in ausreichender Menge und im Handgepäck mitzunehmen. Was nützt das spezielle Herzmittel, wenn es im verlorenen oder verspätet zugestellten Koffer liegt?
Außerdem empfehlen wir die Mitnahme von:

- Virostatikum (Aciclovir-Creme) und / oder Herpifix-Elektrostift
- Kopfschmerzmittel (ASS/Aspirin, Paracetamol)
- Durchfallmittel (Perenterol, Tannacomp, Loperamid)
- Ilon-Abszess-Salbe (falls mal ein Pickel in der Tropenhitze ausartet)
- Heftplaster mit Schere

Fieber, Erbrechen oder Blut im Stuhl einhergehen oder länger als zwei Tage dauern, suchen Sie bitte **unbedingt einen Arzt** auf!

Bei allen Durchfallerkrankungen gilt:

- 12 bis 24 Stunden absolute *Nahrungskarenz* einhalten.
- *Viel Trinken* (mind. 3 Liter/Tag), am besten den milchig-weißen Absud von gekochtem Reis, Kokosnusswasser oder stark gezuckerten Tee mit einem Schuss Orangensaft. In jedem Fall sollte zum *Elektrolytausgleich* pro Liter Flüssigkeit – auch bei Tee – unbedingt ein Teelöffel Salz beigegeben werden.

Eine *Boa Constrictor* (Würgeschlange) in dieser Größe ist ungefährlich.

Schlangenbiss

Vorbeugung ist auch hier die wichtigste Maßnahme. Dazu gehört:

- Urwaldexkursionen nur mit hohen Wanderschuhen, am besten Gummistiefeln.
- Bei jedem Schritt genau auf das Gelände achten.
- Fest auftreten. (Schlangen hören nicht, reagieren aber auf Erschütterung.)
- Nie in Hohlräume (z. B. Baumlöcher) greifen.
- Schlafsack, Schuhe, Kleider vor dem Anziehen inspizieren/ausschütteln.

Giftschlangen greifen von sich aus keine Menschen an, sondern wehren sich nur, wenn sie sich bedroht fühlen. Den Biss einer Giftschlange erkennt man an den zwei punktförmigen Einstichen, die ihre Fangzähne in die Haut bohren. Ungiftige Schlangen hinterlassen dagegen den gesamten Abdruck ihres meist zweireihigen Gebisses.

Im Falle eines Giftschlangenbisses:

- Schlange identifizieren, zumindest feststellen, ob es sich um eine Korallenschlange (rot mit weiß-schwarz-weißen Ringen) handelt.
- Oberhalb der Wunde Stau-

ung anlegen und alle 20 Minuten für 1 Minute lockern.
- Betroffenen so schnell und so schonend (ggf. tragen) wie möglich in das nächste Krankenhaus transportieren.
- In Costa Rica gibt es 2 Gegenmittel, die auch bei vielen Ärzten und auf manchen Rangerstationen an den Eingängen der Nationalparks verfügbar sind: Das *Suero Anticoral* gegen das Gift der Korallenschlange und das *Suero Antiofidico Polivalente Liofizado* gegen alle anderen Schlangengifte.

Und noch etwas: Handeln Sie unbedingt ruhig und überlegt! Ihr letztes Stündchen hat noch lange nicht geschlagen! Die meisten Bisse, auch der »tödlichsten« Schlangen, werden überlebt.

Medizinische Versorgung

Die medizinische Versorgung ist in der Hauptstadt gut, auf dem Lande regional unterschiedlich. Das gleiche gilt für die Rettungskräfte. Empfehlenswerte Ärzte finden Sie auf der vorderen Umschlaginnenseite. Weitere Fachärzte für einzelne Spezialgebiete kann Ihnen ggf. die deutsche Botschaft benennen. Zwei gute Kliniken (nach subjektiver Einschätzung der Autoren) in San José:

- Hospital Clínica Bíblica, zw. Calle Central u. 1 und Avenida 14 u. 16, San José, Tel.: 2522-1000, *www.clinicabiblica.com*
- Hospital CIMA, Escazú, San José, Tel.: 2208-1000, *www.hospitalcima.com*

Sicher reisen

Die **Gewaltkriminalität** ist in Costa Rica im Verhältnis zu anderen lateinamerikanischen Staaten eher niedrig. Dennoch sollten Sie sich, wenn Sie jemals mit einer Waffe bedroht werden und Ihnen Ihr Leben lieb ist, nie Widerstand leisten! Die häufigsten Raubüberfälle werden an Busbahnhöfen und an der Karibikseite verübt.

Diebstähle und **Trickbetrügereien** sind landesweit leider stark verbreitet. Es werden nicht nur Geldbörsen, Handtaschen, Fotoapparate, Laptops, kleine und große Taschen, Rucksäcke, Koffer und ganze Mietwägen mit voller Ladung geklaut, sondern die alltäglichen Betrügereien fangen im Kleinen an und summieren sich schnell: Oft wird zu wenig Wechselgeld herausgegeben, und mehrfach haben wir erlebt, dass auch in guten und seriös anmutenden Restaurants statt eines Gläschens Wein gleich die ganze Flasche berechnet

In San José sind viele Polizeistreifen unterwegs, auch per Fahrrad und per pedes.

wurde und plötzlich drei Cappuccinos auf der Rechnung standen, obwohl wir nur zwei bestellt und getrunken hatten. Unser Nachrechnen wurde meist mit einem Lächeln quittiert und der Betrag schnell korrigiert.

Die hohe Polizeipräsenz, insbesondere in der Hauptstadt und in touristisch stark frequentierten Gebieten, verleiht ein gewisses Gefühl der Sicherheit.

Zuweilen werden Ihnen *Drogen* angeboten. Bitte lassen Sie sich auf keinen Fall darauf ein! Polizei und Justiz reagieren last not least wegen des starken internationalen Drucks mit äußerster Härte, wenn sie jemanden beim Handel, Besitz oder Konsum von Drogen erwischen.

Alkohol am Steuer und Verkehrsverstöße werden oft mit hohen Geldbußen und auch Haftstrafen (z. B. Fahren unter Alkoholeinfluss ab 0,75 Promille) geahndet.

Das costa-ricanische Recht orientiert sich an der römisch-germanischen Rechtsordnung. Die Rechtsverhältnisse von Personen regelt das Zivilgesetzbuch *Código Civil* und das Handelsgesetzbuch *Código de Comercio.*

Falls Sie tatsächlich einmal in Schwierigkeiten geraten, so sollten Sie der Polizei gegenüber **keine Angaben** machen. Sie haben das Recht in Ihrer Landessprache (deutsch!) vernommen zu werden, Ihre Botschaft und ei-

Tipps zu Ihrer Sicherheit

- Informieren Sie sich vor Reiseantritt auf der Website des Auswärtigen Amts unter **www.auswaertiges-amt.de** über das aktuelle Sicherheitsrisiko und entscheiden Sie selbst, ob Sie es eingehen wollen!
- **Pass, Flugticket und Wertsachen** gehören in den (Hotel- oder Zimmer-) **Safe!**
- Tragen Sie immer eine **Fotokopie Ihres Passes (inklusive der Seite mit Ihrem Einreisestempel)** bei sich.
- Führen Sie nur **wenig Bargeld** mit, am besten nicht mehr, als Sie beim Stadt- oder Einkaufsbummel im Einzelfall ausgeben wollen.
- Tragen Sie am Strand und auf der Straße **nie teuren oder teuer aussehenden Schmuck** (auch Uhren, Ringe, Ohranhänger).
- Gehen Sie **rasch** und **zielstrebig** weiter, wenn Sie eine Gruppe verdächtiger Gestalten mit Zurufen und Fragen stoppen möchte.
- Lassen Sie sich **von Fremden nie ablenken** und möglichst auch **nicht helfen!** – Stellen Sie Ihre Fragen ggf. an die Rezeption Ihres Hotels, an Informationsstellen (ICT) oder Polizeistreifen.
- **Meiden Sie** Exkursionen bei **Dunkelheit** und in **einsame Gegenden.**
- Geben Sie im Falle eines Überfalls **widerstandslos alles, was Sie haben!**
- Lassen Sie sich **nie** auf **Drogen** ein! Schon beim Besitz kleiner Mengen muss mit drastischen Haftstrafen gerechnet werden!
- **Halten Sie Ihr Gepäck möglichst fest** und lassen Sie es keinen einzigen Moment unbeaufsichtigt, auch nicht im Bus, Taxi oder beim Einchecken ins Hotel.
- Lassen Sie **Ihre Kreditkarte nie aus den Augen!**
- **Rechnen Sie jede Rechnung nach** und prüfen Sie auch, ob Sie die berechneten Positionen gekauft oder verzehrt haben!
- **Kokosnuss – die unterschätzte Gefahr:** Legen Sie sich nicht, spazieren Sie nicht und parken Sie nicht unter tragenden Kokospalmen! Jährlich werden weltweit mehr Menschen von Kokosnüssen erschlagen als von Haien verletzt!

nen Anwalt zu verständigen. Eine kleine Auswahl deutschsprachiger Anwälte finden Sie auf der vorderen Umschlaginnenseite.

Kommunikation

Handy, Telefon, Telefax

Das costa-ricanische Mobilfunknetz wird von der staatlichen Elektrizitätsbehörde *ICE* (Instituto Nacional Costarricense de Electricidad) betrieben und arbeitet auf GSM 850 / 1800 MHz. Sofern Ihr Handy quadbandfähig ist – das sind die meisten Geräte der neueren Generation – funktioniert es auch in Costa Rica, allerdings fallen je nach Anbieter hohe Roaming-Gebühren an. Diese sparen Sie, wenn Sie sich mit Ihrem Smartphone in das Wi-Fi-Netz (WLAN) Ihres Hotels einloggen und z. B. über *www.toolani.de* oder *www.skype.de* telefonieren.

Einige Leihwagenfirmen stellen ihren Kunden für die Mietdauer des Leihwagens kostenlos ein Handy oder eine SIM-Karte zur Verfügung. Preiswerte Handys (ab 30 US$) und SIM-Karten (ab 5 US$) erhalten Sie bei zahlreichen Anbietern im Zentrum der Hauptstadt. Die größten Mobilfunkprovider im Lande sind *Kölbi* (Startziffer 8), *Claro* (Startziffer 7), *Movistar* (Startziffer 6), *Tuyomovil* und *Fullmovil* (beide Startziffer 5). Im Netz des gleichen Providers telefonieren Sie besonders günstig.

Noch gibt es zahlreiche öffentliche Telefone, von denen aus Sie mit einer Telefonkarte landesweit und weltweit telefonieren können.

Faxe verschicken Sie am besten über Ihre Hotelrezeption oder ein Internet-Café.

Von Costa Rica nach Deutschland wählen Sie 0049 voraus, nach Österreich 0043 und in die Schweiz 0041. Anschließend wählen Sie die gewünschte Ortsvorwahl ohne die erste Null und dann die Teilnehmernummer. Die Landesvorwahl für das costa-ricanische Telefonnetz ist 00506. Es gibt keine Ortsvorwahlen.

Internet

Die meisten Hotels und Hostels in Costa Rica bieten kostenlosen Internetzugang über Wi-Fi (WLAN) an. Darüber hinaus gibt es in der Hauptstadt und in größeren Orten Internet-Cafés (siehe auch *www.cybercafes.com*) in denen Sie preisgünstig surfen und skypen können.

Post

Luftpostbriefe und -karten von Costa Rica nach Europa sind erfahrungsgemäß billiger als von Europa nach Costa Rica. Mit Päckchen und Paketen verhält es sich gerade umgekehrt. Die Postlaufzeiten betragen in beide Richtungen etwa zwei bis vier Wochen.

Post nach Europa: Die Gebühr für eine Urlaubspostkarte nach Hause ändert sich inflations- und wechselkursbedingt häufig und liegt etwa beim Gegenwert von 0,50 EUR (am besten am Postamt erfragen). Die Worte *Correos* für Postamt, *postal* für Postkarte, *carta* für Brief und *sellos* für Briefmarken helfen Ihnen weiter.

Am sichersten ist es, unter der Anschrift das Bestimmungsland auf Spanisch anzugeben (Alemania = Deutschland, Austria = Österreich, Suiza = Schweiz) und darunter *Por Avión* (mit Luftpost) zu vermerken.

Briefkästen sind selten. Es gibt jedoch auch im entlegensten Urwalddorf eine Poststelle. Außerdem leiten die meisten größeren Hotels Ihre Briefe und Karten schnell und zuverlässig weiter.

Post nach Costa Rica: Hauszustellungen sind unüblich. Die meisten Hotels, Firmen und Privatleute haben ein *Apartado* (Postfach), wo sie regelmäßig ihre Post abholen. Das System funktioniert recht zuverlässig.

Pakete und Päckchen müssen in Costa Rica stets zollamtlich abgefertigt werden. Die Auslösung ist zeit- und kostenintensiv. Der erhobene Zoll übersteigt meist den Wert des Inhalts und wird auch bei Sendungen mit geringem Wert erhoben.

Währung, Zahlungsmittel, Geldwechsel

Die costa-ricanische Währung ist der Colón (Plural: Colónes), was im Spanischen Kolumbus (Pluralbildung sei dem Leser überlassen) bedeutet. Es gibt Münzen zu 5, 10, 25, 50, 100 und 500 Colónes sowie Scheine zu 1000, 2000, 5000, 10 000, 20 000 und 50 000 Colónes. Der Druck von Scheinen kleinerer Einheiten wurde eingestellt. Der historische 5-Colónes-Schein mit dem farbenfrohen Deckengemälde aus dem Vorraum des Teatro Nacional gehört zu den schönsten Geldscheinen der Welt und wird als begehrtes und relativ preiswertes Souvenir gehandelt (Straßenhändler vor dem Teatro Nacional).

Sie fahren am besten, wenn Sie die vielen kleinen Ausgaben des täglichen Bedarfs, wie Einkaufen, Essen, Trinken, Taxi und Eintritte, in Colónes bezahlen und Ihre Dollars stückchenweise auf der Bank oder im Hotel einwechseln. Flüge, Hotels und organisierte Ausflüge zahlt man in US-Dollars. Der Greenback wird in der Regel mit einem mehr oder weniger großen Abschlag überall akzeptiert.

Die Kreditkarten VISA und MASTER CARD werden fast überall angenommen. Mit Ihrer PIN und Ihrer Kreditkarte können Sie an vielen Bankautomaten Colónes abheben, an den Automaten der BNCR (Banco Nacional de Costa Rica) funktioniert auch die Abhebung mit Ihrer heimischen EC-Karte.

Beim Wechsel von Bargeld (US-Dollars, Euros) oder Travellerschecks am Bankschalter müssen Sie immer Ihren Reisepass vorlegen. Beim Einlösen von US-Dollar-Travellerschecks können Sie wählen, ob Sie den Betrag 1:1 in US-Dollars oder umgewechselt in Colónes ausgezahlt haben möchten.

Wem die Reisekasse geklaut wurde oder einfach das Geld ausging, der kann sich von einer liquiden Person zu Hause schnell und unkompliziert über WESTERN UNION Bares anweisen lassen. Infos unter *www.westernunion.de* und in vielen deutschen Postämtern.

Zeitverschiebung

Zieht man von der im deutschen Sprachraum gültigen mitteleuropäischen Zeit (MEZ) 7 Stunden ab, erhält man die costa-ricanische Zeit. Umgekehrt gilt: Wenn Sie um 12 Uhr mittags costa-ricanischer Zeit zu Hause anrufen, ist es in Deutschland, Österreich und der Schweiz gerade 19.00 Uhr.

Während der mitteleuropäischen Sommerzeit beträgt die Zeitdifferenz 8 Stunden.

In Costa Rica wird, wie auf dem gesamten amerikanischen Kontinent, die Zeit vor mittags 12 Uhr mit a.m. (ante meridiem) und nach 12 Uhr mit p.m. (post meridiem) angegeben. Wegen der Äquatornähe sind die Tage und Nächte in Costa Rica das ganze Jahr hindurch nahezu gleich lang: Die Sonne geht gegen 6 Uhr morgens ziemlich schlagartig auf und ebenso rasch gegen 18 Uhr wieder unter. Für Mitteleuropäer durchaus ein Kuriosum.

Stromversorgung

In Costa Rica kommen nur **120 V,** also etwas mehr als die Hälfte der in Mitteleuropa üblichen 220 V aus der Steckdose. Es genügt leider nicht, wenn Sie Ihren Rasierapparat oder Haarfön auf beide Spannungsarten umstellen können. Sie benötigen auch einen im Fachhandel erhältlichen Adapter, da in Costa Rica nur die *US-Flachstecker* in die Dosen passen. Die Wechselstromfrequenz beträgt **60 Hertz** (im Gegensatz zu 50 Hertz in D, A und CH). Bitte versichern Sie sich, dass Ihr Laptop diese Frequenz problemlos verträgt.

Essen und Trinken

Die costa-ricanische Küche ist schmackhaft und reichhaltig. Ihre Hauptbestandteile sind Reis *(arroz)*, Bohnen *(frijoles)*, Rindfleich *(carne de res)*, Schweinefleisch *(cancho)*, Huhn *(pollo)*, Fisch *(pescado)*, Kartoffel *(papa)*, Maniok *(yuca)*, exotische Früchte *(frutas)* und Salate *(ensaladas)*.

Die Gerichte werden nur mild gewürzt und an der Karibikküste verwendet man zu allen Speisen das Fleisch oder die Milch der Kokosnuss in zahlreichen Variationen.

Zum **Frühstück** hat man die Wahl zwischen einem *Desayuno tipico* mit Reis, Bohnen, Spiegel- oder Rührei und gebratenen Bananenscheibchen und dem *Desayuno americano* mit Eiern, Speck, Toast und Marmelade.

Nachfolgend eine kleine Auswahl an **Hauptgerichten** (comidas) für die verschiedensten Geschmacksrichtungen: Die Basisnahrung der Costa Ricaner heißt *Gallo pinto* (gesprenkelter Hahn), eine Mischung aus Reis, schwarzen Bohnen und Fleischwürfeln. Wird das Ganze noch mit einem Ei, etwas Gemü-

se und gebratenen Bananenstückchen verfeinert, so heißt es *Casado* (verheiratet), angeblich das Standardgericht, das der brave Costa Ricaner vom ersten Tag seiner Ehe bis zum Ende seiner Tage vorgesetzt bekommt. Die Variationsmöglichkeiten bestehen im Wechsel zwischen Rindfleisch, Schweinefleisch und Huhn und in den Gemüsebeilagen. Ein knackiger Salat liefert die Vitamine zum sättigenden Mahl.

Wer Lust auf ein ordentliches Stück Fleisch hat, verlangt *Bistec* (Steak) oder *Escalope* (Schnitzel). Als Beilagen gibt's dazu *Arroz* (Reis), *Plátanos* (Kochbananen), *Papas* (Kartoffeln) und *Yuca* (Maniok). Achtung Selbstversorger: Die Maniokwurzel ist roh giftig, Kochwasser wegschütten!

Olla de Carne ist ein deftiger Eintopf, der an der Karibikküste mit Kokosmilch gekocht wird und dann *Rundown* heißt. Wer *Pescado* (Fisch) liebt, kommt in dem küstenreichen Land voll auf seine Kosten. *Corvina* (Barschverwandter) oder *Cabrilla* (Barsch), *Dorado* (Goldmakrele), *Pargo rojo* (Schnappbarsch) und *Atún* (Thunfisch) gehören zu den Spezialitäten des Landes.

Lukullische Genüsse wie *Camarónes* (Garnelen), *Langostas* (Langusten) und *Ostiónes* (Austern) haben auch in Costa Rica ihren Preis.

Für den **kleinen Appetit:** *Arreglado* ist ein gut mit Fleisch belegtes Sandwich. *Bocas* nennt man die verschiedenartigen Häppchen – oft frittierte Bananen-, Fisch- oder Fleischstückchen – die in vielen Kneipen sogar kostenlos zum Bier serviert werden. *Ceviche*, in würzige Marinade eingelegte Seefischstückchen, gehört zu den besten Gaumenkitzlern, die das Land zu bieten hat, dicht gefolgt vom *Ensalada de Palmito* (Palmherzensalat).

Ein kräftiger Vitaminstoß in Form einer *Plata de Frutas* (Früchteplatte) ist reichhaltig, preiswert und gesund. Sofern Sie bestimmte Vorlieben haben, bestellen Sie *Carambola* (Sternfrucht, säuerlich, gut!), *Fresas* (Erdbeeren), *Guayabo* (Guave), *Manzana* (Apfel), *Melón* (Honigmelone), *Naranja* (Orange), *Piña* (Ananas) oder *Sandía* (Wassermelone).

Zur **Nachspeise** gibt's *Flan* (Karamelpudding) oder *Helado* (Speiseeis). Eis aus gefrorenem Wasser, wie man es für Getränke verwendet, heißt dagegen *Hielo*. (*¡Sin hielo!* = Ohne Eis! *¡Con hielo!* = Mit Eis!)

Neben zahlreichen exotischen *Jugos* (Fruchtsäften) und bekannten Softdrinks bekommt man in Costa Rica auch ganz vorzügliches, unter Aufsicht eines deutschen Braumeisters hergestelltes *Cerveza* (Bier). Die Marken Bavaria, Heineken, Imperial, Pilsen und Tropical stammen alle aus der gleichen, costaricanischen Staatsbrauerei.

Zum Abschluss dieses Themas noch ein Satz, den Sie sich merken sollten: »*¡La cuenta, por favor!*« heißt »Bitte zahlen!« …

Souvenirs und Shopping

Die kleinen Mitbringsel, wie auf alt getrimmter Silberschmuck mit indianischen Symbolen, Holzteller und Keramikfigürchen sind Geschmackssache. Bunt bemalte **Vogelpfeifen** aus Ton und **Maracas** (Rasseln) sind preiswert und passen leicht ins Reisegepäck. Vom ökologischen Standpunkt aus bieten sich Waren, vor allem Kleidung, aus *Banana Paper*, einem Abfallprodukt der Bananenindustrie, an. Hängematten *(hamacas)*, Kunstgemälde, Tonvasen oder handbemalte Ochsenkarren stellen

Bunte Tonvogelpfeife und Souvenirverkäuferin am Strand von Tamarindo

bei der Heimreise oft ein Transportproblem dar.

Sarchí (nordwestl. der Hauptstadt) ist bekannt für Holzarbeiten, *Guaitil* (nahe Santa Cruz / Nicoya) für Keramik, *San Vincente de Moravia* (östlich von San José) für Lederwaren und *Cinco Esquinas* & *Tibas* (nördliche Stadtteile von San José) für den Gitarrenbau.

Die meisten Souvenirs bekommen Sie jedoch ohne großen Preisunterschied – der liegt in Ihrem Verhandlungsgeschick – genauso gut in der Hauptstadt, z. B. am Mercado Central und in den Kunstgewerbemärkten in der Calle Central zwischen Avenida 1 und Av. Central und in der Calle 13, Ecke Av. Central (Nr. 32 im Stadtplan San José, → S. 99).

Ein beliebtes Mitbringsel ist auch costa-ricanischer **Kaffee** (Kaffee Rey, Kaffee Britt) und **Rum** (Centenario, Ron Rico).

Schildpatt und Krokodilleder sollten Sie nicht kaufen. Die Einfuhr ist in Europa und den USA verboten und die dafür geschlachteten Tiere stehen unter Artenschutz.

Sprachschulen

Das Land zu erforschen und Spanisch zu lernen heißt das Angenehme mit dem Nützli-

Kunstgewerbemarkt in San José

chen verbinden. Hierfür gibt es in Costa Rica viele Möglichkeiten. Hier eine kleine Auswahl:

www.spanisch-schule.de
COSI (Costa Rica Spanish Institute) mit Schulen in San José (zentrumsnah) und Manuel Antonio. Der Unterricht erfolgt in kleinen Gruppen, die Unterbringung auf Wunsch in schulnahen Gastfamilien. Exkursionen werden angeboten.

www.universal-edu.com
UNIVERSAL DE IDIOMAS, gut etablierte und preiswerte Schule im Herzen der Hauptstadt (Av. 2 / Ecke Calle 9). Kleine Klassen, Vermittlung von Gastfamilien.

www.spanish-wayra.co.cr
Sprachschule unter Schweizer Leitung mit Unterkunft in Gastfamilien oder Hotels am Traumstrand von Tamarindo, Guanacaste.

www.spanishatlocations.com
Sprachschulen in Turrialba und in Puerto Viejo de Talamanca wahlweise mit Unterkunft in einfachem Hotel, Hostel oder bei Gastfamilien. Attraktive Freizeitangebote (u. a. Rafting / Surfen, Reiten, Wandern). Weitere Filialen in Panama.

www.spanishandmore.com
(CRLA, im Universitätsviertel von San José)

www.spanish-school-costarica.com (SEPA, in San Isidro de El General)

Freizeitvergnügungen

Hiking & Biking

Die vielen Nationalparks des Landes ermöglichen **Wanderfreunden** in den unterschiedlichsten Klima- und Vegetationszonen und verschiedenen Schwierigkeitsgraden ihrem Hobby nachzugehen. Das reicht von lockeren Touren in mittleren Höhenlagen über sportliches Bergwandern, z.B. am Vulkan Rincón de la Vieja (1916 m), am Vulkan Barva (2906 m) oder am Cerro Chirripó (3820 m) bis zu schweißtreibenden Dschungelexpeditionen (s. S. 80).

Radfahrer können in jedem größeren Badeort ein Zweirad leihen und **Mountainbiker** finden rund um die zahlreichen Vulkane ideale Bedingungen.
Websites:
www.puravidaride.com/tours/mtb/ Mountainbikeverleih und Touren in Guanacaste
www.bikearenal.com Biking & Hiking Touren, La Fortuna, Arenal

Surfen (Wellenreiten)

Die Küsten Costa Ricas gehören weltweit zu den attraktivsten Gefilden für Surfer.

Die besten Wellen bietet die

Pazifikseite von März bis November. Profis bevorzugen die Monate Juli/Aug. und Okt./Nov., wenn die Gischt am stärksten zischt. Ideale Surfbedingungen sind hier an den Stränden von *Tamarindo*, *Nosara*, *Puntarenas*, *Jacó*, *Hermosa*, *Quepos*, *Dominical* und *Uvita* zu finden.

Der klassische Badeort *Jacó* ist von der Hauptstadt aus leicht auf dem Landwege zu erreichen. Nach *Nosara* und *Quepos* gibt's günstige Inlandsflüge. Strände mit Namen *Hermosa* (schön) finden Sie gleich viermal an der Pazifikküste: Im Norden, etwa 35 km westlich von Liberia, an der Südspitze der Halbinsel Nicoya nahe Playa Santa Teresa, etwas südlich von *Jacó* und bei *Uvita*. Alle vier Strände eignen sich gut zum Surfen.

An der ***Karibikküste*** spielt sich die Surfszene ***von Dezember bis März*** vor allem zwischen

Playa Cahuita und *Playa Uva* ab. Die riesigen Breaks sind für Anfänger gefährlich, aber für die Cracks das Höchste …
Websites:
www.zopilote-surfcamp.com Playa Hermosa de Cobano (Südspitze der Halbinsel Nicoya)
www.earlybird-surfhouse.com Playa Hermosa de Cobano (Südspitze der Halbinsel Nicoya)
www.vistaguapa.com Jacó: bietet auch Stehpaddeln an!
www.surf-costarica.com bietet Surf Camps an mehreren Lokationen an.
www.uvitasurfcamp.com Uvita: Surfen, Stehpaddeln, Kajak
www.thezancudolodge.com ca. 50 Straßenkilometer südlich von Golfito: Surfen, Stehpaddeln, Sportfischen, Kajak, Canopy Tours, Yoga

Windsurfen und Kitesurfing

Wind- und Kitesurfer finden in Costa Rica zwei der Weltklasse-Spots: ein Binnengewässer und ein Salzwasser-Revier.

Am Westufer des ***Arenal-Sees,*** also auf der entgegengesetzten Seite des immer noch aktiven Vulkans Arenal, herrscht ständig guter Gleitwind. Der Nordostpassat bläst tagtäglich mit mindestens 6 Beaufort (22–27 Knoten), oft sogar mit 8 Beaufort (34–40 Knoten). Der Ort *Tilarán*, ist ein beliebter Szene-Treff mit eigenen Windsurfer-Hotels, -Kneipen und -Geschäften.

Ein Starkwindrevier (6–8 Beaufort Nov.–Mai) mit Meeresrauschen finden Könner im äußersten Nordwesten Costa Ricas, an der ***Bahía Salinas*** nahe der Stadt *La Cruz*.
Websites:
www.kitecostarica.net Infoseite Kite- und Windsurfingspots in Costa Rica
www.ticowind.com Kite- und Windsurfing am Arenalsee

Rafting und Kajakfahren

Schlauchboot- und Wildwasserfahren unterscheiden sich mindestens so sehr voneinander, wie ein gemütlicher Spaziergang von einem Hürdenlauf. Gemeinsam ist den Anhängern beider Sportarten nur die Liebe zur Natur und zum Wasser. In Costa Rica benutzen sie sogar die gleichen Flüsse – nur an verschiedenen Stellen und zu unterschiedlichen Zeiten. Je näher am Ursprung eines Flusses gestartet wird, desto höher ist die Strömung. Je mehr es der Mündung am Ozean zugeht, desto träger wird das Wasser. Ein starker Regenschauer kann jedoch aus einem stillen Bächlein rasch einen reißenden Fluss machen.

Ein äußerst beschauliches und auch für Kinder geeignetes Naturerlebnis ist eine ***Schlauchbootfahrt*** auf den ruhigen Gewässern des *Río Corobicí,* der zwischen Arenal-See und Golf von Nicoya fließt. Neben tropischer Vegetation sehen Sie zahlreiche Vogel- und Schmetterlingsarten, Affen, Leguane und vielleicht sogar Krokodile.

Die meisten ***Rafting Touren*** nutzen das gut zugängliche Mittelstück des *Río Reventazón*, lassen Mannschaft samt Gerät östlich von San José nahe der Stadt *Turrialba* zu Wasser und nehmen sie in der Höhe von *Siquirres* wieder auf.

Kajakfahrer steigen etwas mehr flussaufwärts ein oder nehmen den *Río Pacuare*, der 30 km südöstlich von *Turrialba* zum Start einlädt. Auch der *Río Chirripó* erfreut sich bei Wildwasserfahrern großer Beliebtheit. Nördlich von San José können sich Wasserfreunde auf dem *Río Sarapiquí* bis an die nicaraguanische Grenze treiben lassen. Spätestens im Örtchen *Trinidad* sollten sie an Land gehen.

Bei folgenden Veranstaltern können Sie Tagestouren inklusive Schlauchboot, Schwimmweste, Schutzhelm, Minibustransfer und ortskundiger Begleitung buchen:

www.adventure-costarica.com
→ Deutsch → Aktiv & Multisport
www.canoa-aventura.com
(Arenal-Gebiet)

www.explornatura.com (Turrialba, Cartago)
www.proraftingcostarica.com (Manuel Antonio)
www.ticoriver.com (verschiedene Lokationen)

Auf allen ***Touren*** (außer Río Corobicí Schlauchbootfahrt) können Sie patschnass werden und sollten in Shorts & T-Shirt oder Badehose / Badeanzug antreten. Turnschuhe mit Gummisohlen verringern die Rutschgefahr im Boot. Vor dem Start empfehlen wir eine dicke Schicht Sonnencreme aufzutragen und für hinterher sollten Sie Handtuch und **trockene Kleidung** im Abholfahrzeug deponiert haben.

Tauchen

Eine bezaubernde Unterwasserwelt mit Korallenriffen und einer unglaublichen Vielfalt buntschillernder Meeresfische finden Sie an der Karibikküste bei *Cahuita, Puerto Viejo* und *Punta Uva*. Es ist kein Problem, hier Tauch- und Schnorchelausrüstungen auszuleihen und Boote mit kundigen Führern zu mieten.

Türkisblaues Meer, spektakuläre Unterwasserhöhlen und eine atemberaubende Meeresfauna bieten die Gewässer um die unbewohnte und nur auf dem Seeweg zu erreichende *Isla del Coco*. Nicht ganz so aufregend, aber ebenfalls faszinierend und wesentlich einfacher zu erreichen sind die Tauchgründe um die *Isla del Caño* vor der Halbinsel Osa. Noch nicht allzu überlaufen und deshalb besonders reizvoll sind die Tauchgründe um die *Halbinsel Nicoya* und überall da, wo kleine, unscheinbare Inselchen dem Festland vorgelagert sind.

Websites:
www.costarica-scuba.com (mehrere Dive Spots, Karibik- und Pazifikküste)
www.wirodive.de/cocos-tauchsafaris.php (Isla del Coco)
www.canodiverscostarica.com (Isla del Caño)
www.pacificcoastdivecenter.com (Flamingo, Tamarindo)

Reiten

Das Pferd ist im ganzen Land ein bewährtes und beliebtes Fortbewegungsmittel, ganz besonders aber in der Provinz Guanacaste, dem »Wilden Westen« Costa Ricas. Dort finden häufig noch Rodeos statt und die Cowboys treiben die Rinder nach alter Väter Sitte vom Pferd aus zusammen. Den Umgang mit dem Lasso lernen die Kinder dort so früh wie ihre europäischen Altersgenossen das Spiel mit dem Nintendo DS.

Wilde, rassige Mustangs lassen das Herz des Kenners höher schlagen. Leihpferde sind so gut erzogen, dass sich auch der unerfahrene Tourist auf ihrem Rücken bedenkenlos durch die Nationalparks tragen lassen kann – zumindest, wenn noch ein ortskundiger Führer mit reitet.

Sportfischen

Sportfischen ist die unsinnige Marotte der Nordamerikaner, mit Schnellboot, Echolot und mindestens zwei ausgeworfenen Angeln pro zahlendem »Sportler« in kürzester Zeit so viele Fische wie möglich aus dem Meer zu holen, um sie nach einem Beweisfoto für die Smartphone-Galerie dem Ozean wieder zurückzugeben. Viele der gesunden, hier meist noch unbelasteten Fische werden dabei schwer verletzt und gehen ein. Weniger als ein Prozent (!) landet im Kochtopf und dient somit dem Nahrungsbedarf. Bei einer Inselüberfahrt haben wir einmal das Boot mit zwei Sportfischern und ihren Ehefrauen geteilt und mussten das grausige Schauspiel mehr als 120 Mal an diesem einen Tag beobachten. Alle paar Minuten bissen in den tiefblauen Gewässern beste Meeresfische an, wozu die Männer grölten und die Frauen verzückt jauchzten, klatschten und fotografierten. Die sportlichen Ehepaare konnten einfach nicht verstehen, warum wir nicht »mitspielen« wollten …

Gyrocopter

Costa Rica ist ein wahres Eldorado für Piloten und Flugbegeisterte. Neben den beiden großen internationalen Flughäfen sind mehr als 35 Landepisten über das Land verteilt, die von Kleinflugzeugen angeflogen werden können.

Weit über die Grenzen Costa Ricas hinaus hat sich die **Gyrocopter-Flugschule** des Deutschen Guido Scheidt einen guten Ruf erworben. Sein »*Flying Crocodile Hotel & Flying Center*« (→ S. 150) nahe Sámara / Guanacaste lässt keine Wünsche offen. Hier können Sie selbst den Flugschein für Tragschrauber erwerben oder als Passagier mit einem erfahrenen Piloten und Fluglehrer Strand, Meer, Delfine, Urwald, Affen und Vulkane hautnah aus der Vogelperspektive erleben.
Website:
www.autogyroamerica.com
Gyrocopter-Rundflüge, Flugausbildung und mehr!

Ein erhebendes Gefühl: Gyrocopter-Fliegen über den Stränden von Nicoya

Paragliding und Ballonfahren

Ohne Motorkraft durch die Lüfte zu gleiten kommt dem Ökologiegedanken des Landes am nächsten. Tandem-Gleitschirmflüge (Paragliding) werden unter anderem in der Gegend um Cartago, Jacó, Caldera und Dominical angeboten.

Ballonfahren (nicht -fliegen!) ist ein Erlebnis der besonderen Art: Mit den ersten Sonnenstrahlen bläht ein Ventilator die Ballonhülle auf und ein Brenner erwärmt die Luft darin so lange, bis Sie sanft abheben und lautlos über Kaffeeplantagen, Vulkane und Regenwald dahingleiten. Genießen Sie die Natur aus der Vogelperspektive in einem der umweltfreundlichsten Luftfahrzeuge!

Je nach Wind und Wetter kommen mehrere Startplätze in Frage, u. a. Naranjo nordwestlich von San José.

Websites:

www.parapentepuravida.com (Paragliding)

www.hangglidecr.com (Paragliding)

www.paraddicted.com/paragliding-tandem.php (Paragliding)

www.serendipityadventures.com/CostaRicaActivities/hotAirBallooning.htm (Ballonfahren)

Den Urwald erleben

Wer nach Costa Rica reist, möchte Natur erleben, Pflanzen sehen, die es bei uns nicht einmal im Gewächshaus gibt und Tiere in freier Wildbahn beobachten, um die mancher europäische Zoo nur neidisch sein kann.

Das Tolle ist, dass Costa Rica, ungeachtet des Alters und der Fitness, ***jedem*** Besucher die Möglichkeit eröffnet, die Faszination des Urwalds hautnah zu erleben. Es liegt ganz an Ihnen, welchen Schwierigkeitsgrad Sie sich zutrauen!

Hanging Bridges

Ausgedehnte Urwaldspaziergänge in Baumwipfelhöhe – dort, wo die Hälfte aller Tiere des Urwalds ihr Zuhause hat, gehören zu unseren Top-Empfehlungen! Sie allein bestimmen das Tempo! Je mehr Zeit Sie sich nehmen, desto mehr entdecken Sie! Die Stahlseilkonstruktionen sind gut abgesichert. Unter Höhenangst sollten Sie dennoch nicht leiden.

Websites:

www.selvatura.com (Monteverde)

www.hangingbridges.com (Arenal)

Rain Forest Aerial Tram

In einer Seilbahn entlang der Baumkronen des Dschungels zu schweben – das alleine ist schon ein Erlebnis! Die Tour, die mittlerweile von mehreren Unternehmen angeboten wird, eignet sich für jede Altersstufe, verlangt keine körperliche Fitness und vermittelt in kurzer Zeit einen guten Einblick in Klima und Vegetation des tropischen Regenwalds. Leider hatten wir manchmal den Eindruck, dass sich die Tierwelt von der perfekt nach US-amerikanischem Strickmuster vermarkteten und organisierten Tour tagsüber oft mal distanziert.
Websites:
www.rainforestadventure.com
www.arenal.net/tour/skytram-skytrek/
www.skywalk.co.cr

Mit der Rain Forest Aerial Tram zum Dach des Urwalds

Dschungel-Lodges

Die bequemste und vielversprechendste Art, den Urwald wirklich kennenzulernen, besteht darin, sich einfach mittendrin einzuquartieren. Beschwerlich daran ist allenfalls die Anreise.

Mit etwas Glück beobachten Sie schon vom Frühstückstisch aus exotische Schmetterlings- und Insektenarten, Tukane, Kolibris, Nasenbären und Äffchen.

Anschließend machen Sie unter fachkundiger Begleitung per pedes, Einbaum oder Paddelboot eine kleine Dschungeltour. Sie sehen Schildkröten, Krokodile, Faultiere, Mahagoni- und Kapokbäume, Würgefeigen, Bromelien und Orchideen.

Hier eine kleine Auswahl gut geführter *Lodges,* deren Betreiber oft einen kleinen Lehrpfad angelegt haben und Ihnen viel Wissenswertes über Costa Ricas Flora und Fauna vermitteln können:
www.lagarto-lodge-costa-rica.com (Boca Tapada)
www.selvabananito.com (Bananito, Limón)

www.riosierpelodge.com (Halbinsel Osa)
www.losminerosguesthouse.com (Dos Brazos, Halbinsel Osa)
www.purruja.com/deutsch.html (Golfito)

Canopy / Zip Line Tours

Haben Sie schon einmal davon geträumt, sich flink und behände wie ein Äffchen von Baumwipfel zu Baumwipfel zu schwingen? Moderne Kletter- und Abseiltechniken ermöglichen Ihnen ein hautnahes Dschungel-Erlebnis aus einer völlig neuen Perspektive.

Canopy Tours (identisch mit *Zip Line Tours* oder *Zip Lining*) gehören zum Pflichtprogramm einer Costa Rica-Reise, sofern Sie schwindelfrei sind und ein Quäntchen Mut mitbringen: Mitten in einem Naturschutzgebiet stehen Sie gut angegurtet mit doppelter Seilsicherung und Schutzhelm ausgestattet auf einer Plattform, unter sich den Urwald in seiner vollen Pracht und Schönheit, über sich ein Stahlseil, an dem Sie über mehrere Kilometer von Baum zu Baum gleiten können. An jedem der Baumriesen befindet sich eine kleine Plattform die als Umsteigestation für ein neues Stahlseilabenteuer dient. Wir empfehlen festes Schuhwerk und körperbedeckende Kleidung. Hier eine kleine Auswahl der immer zahlreicher werdenden Anbieter:
www.canopycr.com (Vulkan Barva)
www.arenal.net/canopy-tour-costa-rica/ (Arenal)
www.pinillacanopytour.com/ (Tamarindo)
www.aventuracanopytour.com (Monteverde)
www.selvatura.com/tours-activities/zip-line (Monteverde)
www.jacobeachcostarica.net/canopy-tours/ (Jacó)
www.corcovadocanopytour.com/ (Halbinsel Osa)
www.terraventuras.com/en/ (Puerto Viejo de Talamanca)

Dschungelexpeditionen

Das Nonplusultra unter den Dschungelerfahrungen ist zweifellos eine mehrtägige Expedition in die wenig erschlossenen Primär- und Sekundärregenwälder Costa Ricas. Dafür müssen Sie eine gute Portion Abenteuergeist mitbringen, gesund und körperlich fit sein.

Am sichersten ist es, sich bei Dschungelgängen immer kleinen Gruppen anzuschließen. Mit festem Schuhwerk, Rucksack, Zelt, Regenkleidung, ausreichend Trinkwasser, kleiner Reiseapotheke, Insektenabwehrmittel, Digitalkamera(s) + Speicherkarten

Canopy-Touren sind auch für Kinder geeignet (aber besser mit Schutzhelm!).

und Ersatzakkus, Taschenmesser, Kompass, Backtrack/GPS und Machete sind Sie gut gerüstet.

Grundsätzlich ist ein ortskundiger Führer anzuraten. Diese sehen einfach mehr, sowohl an Schönheiten als auch an Gefahren des Dschungels.

Die Durchwanderung des *Corcovado Nationalparks* auf der Halbinsel Osa gehört zu den härtesten und zugleich beliebtesten Touren. Je nach Route lässt sich das Gebiet zwischen *Puerto Jiménez* und *Sirena* in drei bis sechs Tagen bewältigen.

Die schweißtreibenden Strapazen lohnen sich, denn die wilden Affen, putzigen Faultiere, bunten Vögel, Fledermäuse, Wildschweine und Leguane werden Ihnen ebenso unvergesslich bleiben wie das satte Grün der gigantischen Milchbäume, das morgendliche Konzert der Urwaldbewohner und der Wert eines Schluck Wassers.

Folgende Veranstalter bieten auch deutschsprachig geführte Dschungelexpeditionen an und gelten als seriös und zuverlässig:

www.adventure-costarica.com
→ Deutsch → Aktiv & Multisport → Hiking Corcovado
www.golfito-tours.com

San José

Das Stadtbild von **San José** erinnert eher an eine spanische Kleinstadt als an eine Metropole. Hochhäuser sind selten, nicht zuletzt wegen der latenten, landesweiten Erdbebengefahr.

Eingefleischte Naturliebhaber schaffen es bei guter Vororganisation immer wieder, die Hauptstadt zu umgehen, indem sie sich vom internationalen Flughafen *Juan Santamaría* von ihrem Reiseveranstalter abholen und direkt in die Wildnis befördern lassen. Manche steuern auch per Leihwagen auf kürzestem Wege den Ausgangspunkt für ihre speziellen Bedürfnisse an: Tier- und Vogelfreunde eine *Dschungellodge* im Regenwald, Windsurfer den *Arenal-See* oder *La Cruz* und Kajakfahrer die Stromschnellen des *Río Sarapiquí*.

Auch wenn sich San José vom Rest des Landes mindestens ebenso sehr unterscheidet wie der Ruhrpott vom Wolfgangssee, so sollte ein Eindruck von der Hauptstadt auf Ihrer Reise nicht fehlen. Hier liegt immerhin das politische, wirtschaftliche und kulturelle Zentrum des Landes. Zudem ist die Hauptstadt Ausgangspunkt für alle nationalen und internationalen Flug- und Busverbindungen.

Neben Lärm und Abgasen hat San José eine ganze Menge Positives zu bieten: Märkte, Parks, Zoo, Museen, Theater, Kinos und last not least ein schillerndes Nachtleben mit Bars, Discos, Spielcasinos und lukullischen Genüssen aus aller Welt.

In der Stadt (1170 m über dem Meeresspiegel) wohnen rund 350 000 Menschen, im näheren Umkreis nochmals etwa 1,2 Millionen, insgesamt also fast ein Drittel der Gesamtbevölkerung Costa Ricas. Das Herz der Stadt ist die *Plaza de la Cultura* und die beliebte Einkaufsstraße *Avenida Central*, die zwischen den Calles 14 und 9 Fußgängerzone ist (Calles kreuzen mit Ampelverkehr). Hier bekommen Sie alles, was Sie zu Hause vergessen haben und noch einiges mehr. Außerdem ist auf der kleinen Flaniermeile immer etwas geboten: Souvenir-, Obst- und Eisverkäufer, Feuerschlucker, Clowns oder Musikanten.

Eine gute Anlaufstelle für Informationsmaterial (u. a. kostenlose Landkarten, Stadtpläne und Busfahrpläne) ist die costa-ricanische Tourismusbehörde **ICT,** deren Hauptsitz im Stadtteil La Uruca, 200 m vom Hotel Best Western Irazú, zwischen Stadtzentrum San José und dem Internationalen Flughafen Juan Santamaría liegt:

ICT (Instituto Costarricense de Turismo), La Uruca, Costado este del Puente Juan Pablo II, San José, Mo.–Fr. 7–15 Uhr, Tel.: 2299-5800, *www.visitcostarica.com*

Das **ICT** unterhält zahlreiche Informationsstellen im ganzen Land, u.a. am Internationalen Flughafen Juan Santamaría und im Stadtzentrum von San José in der Calle Central neben dem Gran Hotel Casinoeingang. Ob diese zentrale Anlaufstelle an dieser Stelle bleibt, war bei Redaktionsschluss noch unklar.

Orientierung

Den spanischen Eroberern haben wir es zu verdanken, dass die costa-ricanischen Städte nach dem gleichen, einfachen Schachbrettmuster angelegt sind: Die *Avenidas (Av.)* verlaufen stets von Ost nach West und die *Calles (C)* von Nord nach Süd. Zentraler Ausgangspunkt ist immer die Kreuzung *Avenida Central* und *Calle Central*. Von dort aus werden die **Calles** Richtung Osten in ungerader Reihenfolge (C 1, C 3, C 5 usw.) und Richtung Westen

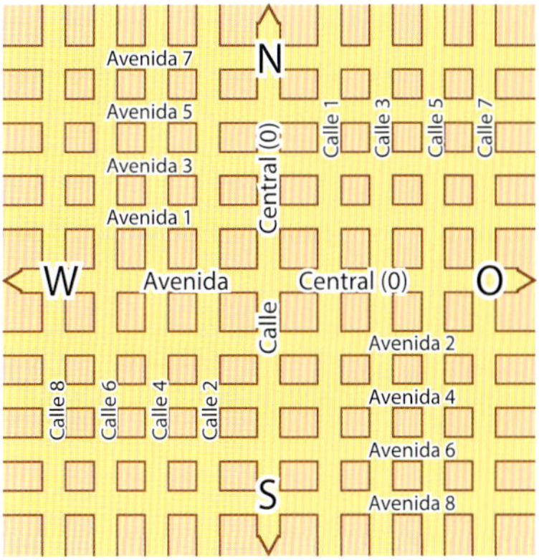

in gerader Reihenfolge (C 2, C 4, C 6 usw.) gezählt.

Die **Avenidas** zählt man von der Av. Central (= 0) ausgehend Richtung Norden in ungerader und Richtung Süden in gerader Reihenfolge. Dem System zufolge kann also niemals z.B. die Calle 6 auf die Calle 5 folgen. Hier liegen fünf Straßen dazwischen (C 3, C 1, C 0, C 2, C 4).

Wenige Ausnahmen bestätigen die Regel: In *Limón* werden die 6 Avenidas und 8 Calles der Stadt in direkter Reihenfolge durchgezählt.

Nicht nur einmal haben wir an der Hotelrezeption den verzweifelten Versuch eines Touristen beobachtet, eine »genaue Adresse mit Straße und Haus-Nr.« zu bekommen, damit er nach dem Stadtbummel auch wieder zurückfindet. Hausnummern sind jedoch in diesem System unüblich und selten. Vielmehr wird

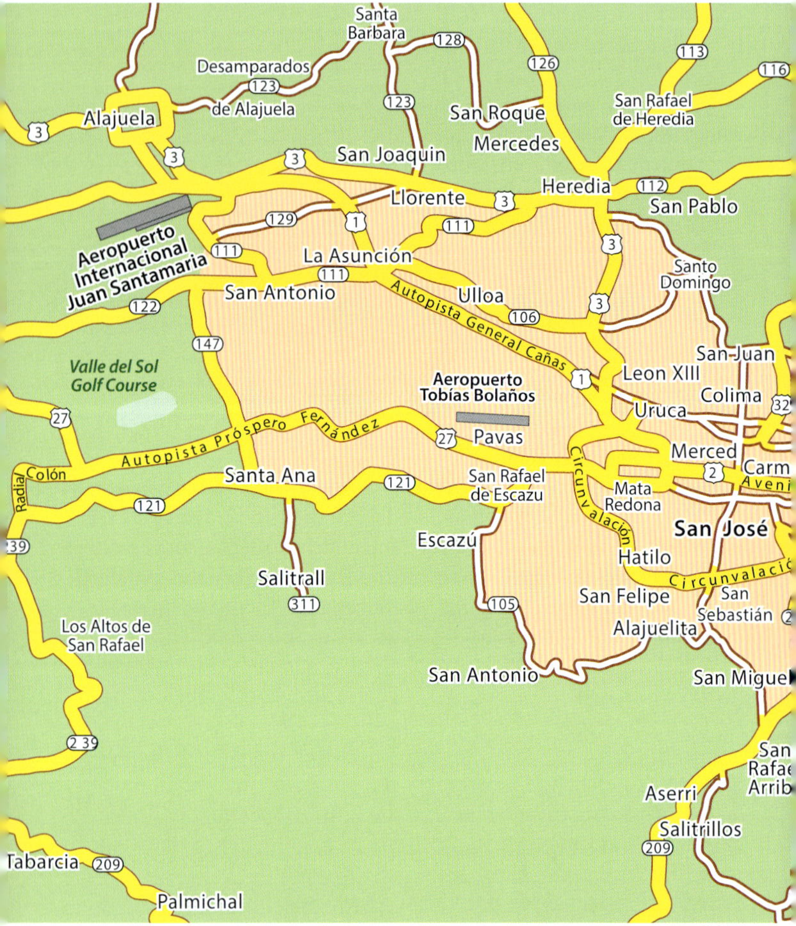

zuerst die Avenida oder Calle genannt, in der sich das Gebäude befindet, und dann die beiden Querstraßen, die den Häuserblock einsäumen. Die Angabe Correo Central C 2, Av. 1 y 3 bedeutet also, dass das Hauptpostamt in der Calle 2 zwischen den Avenidas 1 und 3 liegt. Da jeder Häuserblock, *Cuadra* genannt, eine Seitenlänge von nur etwa 100 m misst, stehen auf dem in Frage kommenden Streckenabschnitt nur wenige Gebäude und die richtige Adresse ist schnell gefunden.

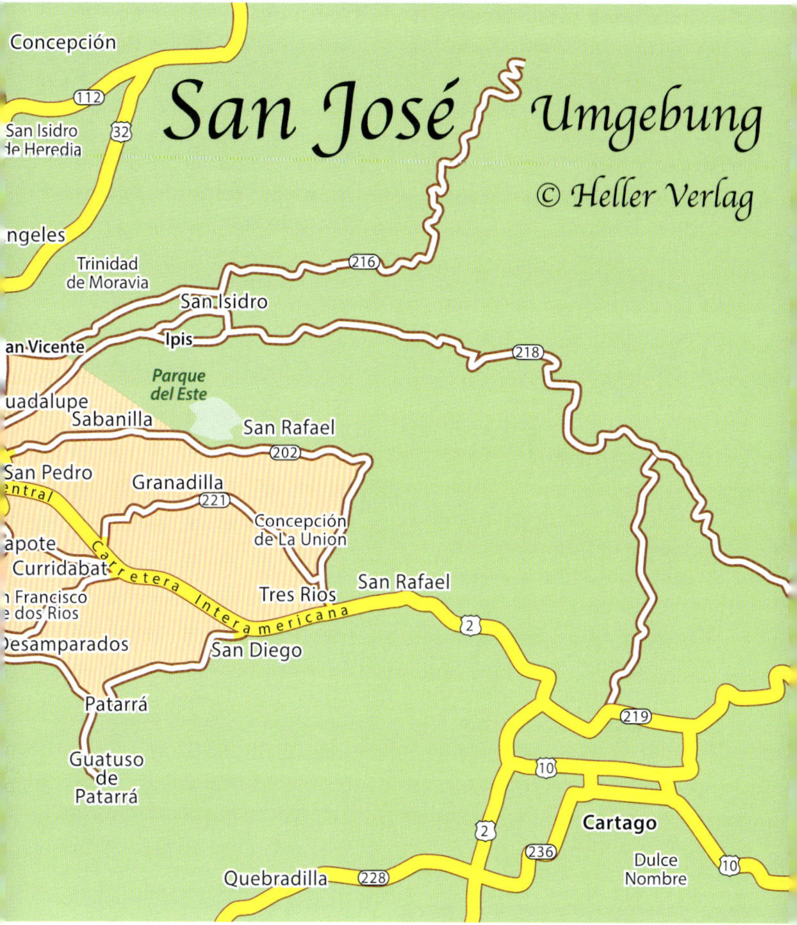

Neben den Schachbrettkoordinaten wird häufig auch noch zur Präzisierung einer Ortsangabe die Himmelsrichtung (abzulesen vom Straßenverlauf, s. S. 83) und die Entfernung in Metern von einem markanten Punkt aus angegeben. Haben Sie das Raster erst einmal im Kopf, werden Sie rasch feststellen, wie einfach es ist, damit auch ohne Stadtplan jede beliebige Adresse schnell und zuverlässig zu finden.

Orte, die Sie nicht kennen, sollten Sie sich unbedingt auf der Landkarte zeigen lassen. Viele

Namen, wie z. B. Puntarenas, Naranjo, Jiménez, Puerto Viejo, San Isidro u. v. a. gibt es mehrfach im Lande und man muss noch einen Beinamen, die Provinz oder den nächstgrößeren Ort wissen, um ans richtige Ziel zu gelangen.

Museen

Die Hauptstadt beheimatet eine ganze Reihe von kleineren und größeren Museen. Wir haben die interessantesten für Sie ausgewählt:

Museo del Oro Precolumbino + Museo de Numismática (Gold- und Münzmuseum)
(44) Unter der Plaza de la Cultura, Zugang von der Calle 5, Tel.: 2243-4202, geöffnet täglich von 9.15–17 Uhr, Eintritt 12 US$, *www.museosdelbancocentral.org*

Die costa-ricanische Zentralbank präsentiert eindrucksvoll in 2 Tiefgeschossen das Gold der Bruncas, zahlreiche Schmuckstücke und Gebrauchsgegenstände sowie nachgebaute Behausungen der Ureinwohner des Landes. Außerdem erzählen im angeschlossenen Münzmuseum alte und neue Münzen und Geldscheine die Geschichte des Landes. Eines der bedeutendsten Museen Costa Ricas!

Museo Nacional (Nationalmuseum)
(46) Calle 15/17, zw. Av. Central u. 2, Tel.: 2257-1433, geöffnet Di.–So. 9–16.30 Uhr, Eintritt 8 US$, *www.museocostarica.go.cr*

Das in der ehemaligen Festung *Bella Vista* (1887) untergebrachte Museum liefert einen eindrucksvollen Überblick über die Geschichte und Kultur Zentralamerikas von 10 000 vor Christus (erste Besiedlungen) bis heute. Besonders sehenswert sind die archäologische Abteilung mit interessanten Ausgrabungen, der Goldsaal, die Jade-Ausstellung, der Kolonial-Saal und die historische Abteilung. Sehenswert ist auch der großzügig angelegte Schmetterlingsgarten *(Mariposario)* gleich nach dem Eingang.

Museo del Jade y de la Cultura Precolumbina (Jademuseum)
(39) Av. Central, Ecke Calle 13, Tel.: 2521-6610, geöffnet täglich 10–17 Uhr, Eintritt 15 US$, Schüler und Studenten mit Ausweis 5 US$, Kinder bis 10 und Rentner über 65 Jahren frei,

Preziosen aus dem Jademuseum

https://portal.ins-cr.com/portal.ins-cr.com/Social/MuseoJ

Auf sechs Stockwerken (inkl. EG) präsentiert die staatliche Versicherungsgesellschaft INS über 7000 Exponate aus Jade, Keramik, Stein und Gold. Die gut erhaltenen Figuren aus präkolumbianischer Zeit zeigen Menschen, Tiere, Früchte und Fruchtbarkeitssymbole. Die größte Jade-Sammlung Amerikas!

Museo de Arte Costarricense (Museum für moderne Kunst)
Calle 42, an der Ostseite des Sabana Parks, Tel.: 2256-1281, geöffnet Di.–So. 10–16 Uhr, *www.musarco.go.cr*

In der ehemaligen Abfertigungshalle des alten Flughafens sind in wechselnden Ausstellungen naive Malerei, Skulpturen und Gemälde einheimischer Künstler des 19. und 20. Jahrhunderts zu bewundern.

Museo de Ciencias Naturales La Salle (Naturwissenschaftliches Museum La Salle)
Calle 68, gegenüber der Südwestecke des Sabana Parks, vor dem Ministerio de Agricultura y Ganaderia, Tel.: 2232-1306, geöffnet Mo.–Sa. 8–16 Uhr, sonn- und feiertags 9–17 Uhr, *www.museolasalle.ed.cr*

Schon vor dem Eingang beein druckt ein riesiges Blauwalskelett. Über 55 000 Exponate zeigen Tiere, Fossilien, Mineralien und Muscheln aus aller Welt, darunter ein gigantisches *Tyrannosaurus rex*-Skelett, präparierte Löwen, Tiger, Bären, Affen, Schildkröten, Haifische, Krokodile, Schmetterlinge und Vögel, nach Arten geordnet in verschiedenen Sälen und mit zum Lebensraum passender Geräuschkulisse. Ein Leckerbissen für Naturliebhaber!

Museo de los Niños (Kindermuseum)
(1) Am Nordende der Calle 4, im Gebäude des ehemaligen Zentralgefängnisses, Tel.: 2257-1433, geöffnet Di.–Fr. 8–16.30 Uhr, Sa. u. So. 9.30–17 Uhr, *www.museocr.org*

Im ehemaligen Gefängnis befindet sich heute das Kindermuseum.

Die Kleinen können sich im Kinderpostamt, in der Musikschule oder auf dem Spielplatz nach Herzenslust austoben und dürfen auf dem Freigelände in einen echten Hubschrauber kriechen und auf Eisenbahn und Feuerwehrauto herumtollen. Schulkinder faszinieren vor allem der Erdbeben- und der Blitzsimulator sowie die Videoräume mit Themen wie »Erde und Weltraum«. Lehrreich für Kinder und Erwachsene!

Märkte, Kunsthandwerk, Shopping

Der 1880 gegründete **Mercado Central** befindet sich im Block zwischen der Av. Central und 1 und der Calle 6 und 8 und ist der größte Markt der Stadt. Hier kaufen die Einheimischen ebenso gerne ein wie die Touristen. Das Angebot reicht von Frischfleisch, Fisch, Obst, Gemüse, Gewürze, Heilkräuter über Kleidung, Badetücher, Souvenirs, Leder bis hin zu Haustieren und Haushaltswaren. Außerdem gibt es mehrere Fressgassen, in denen man zu günstigen Preisen die schmackhafte einheimische Küche genießen kann. Der Markt ist Mo.–Sa. von 6.30 bis 18 Uhr geöffnet.

Der **Mercado Borbón** liegt nur 2 Blocks weiter, an der Av. 3 zwischen der Calle 8 und 10 und hat ein ähnliches Angebot, jedoch mehr Haushaltswaren und weniger Lebensmittel. Er ist etwas kleiner und weniger überlaufen.

Der Haupteingang des Mercado Central

Zwei große Kunstgewerbemärkte, **Mercado de Artesanía** (32) genannt, laden zum Souvenir-Shopping ein. Der bekanntere liegt entlang der Calle 13, zwischen der Av. Central und 2, am Fuße des Nationalmuseums. Der andere befindet sich in einem alten Kolonialgebäude an der Calle Central, zwischen der Av. Central und 1. Hier finden Sie Holzschnitzereien, Ton- und Keramikarbeiten, Schmuck, Bilder regionaler Künstler, einheimische Trachten und bunt bestickte und bedruckte Utensilien, Musikinstrumente und natürlich auch Rum und Kaffee. (Letztere Genussartikel sind meist in jedem Supermarkt günstiger zu haben.)

Das **El Universal** (33) an der Av. Central zwischen Calle Central und 1 ist das größte Gemischtwarenkaufhaus im Stadtzentrum.

An der Peripherie der Hauptstadt gibt es zwei richtig große Einkaufszentren, Malls nach US-amerikanischem Vorbild: Die **San Pedro Mall** im Osten und die **Multiplaza Escazú** im Westen der Stadt.

Falls Ihr Laptop oder Ihre Digitalkamera einmal ausfällt, könnten Ihnen folgende Adressen helfen:

PC Store (24), Av. 1 zw. Calle 3 u. 5, Tel.: 2222-4242, *www.pcstore.cr*, und

Taller de Equipos Fotográficos, Av. 3 zw. Calle 3 u. 5, *www.equi-foto.com*

Theater, Kinos, Kulturstätten

Teatro Nacional (43), zw. Av 2 u. Plaza de la Cultura, Mo.–Sa. 9–16 Uhr, Tel.: 2010-1100, Eintritt 7 US$, *www.teatronacional.go.cr*

Als die berühmte spanische Opernsängerin Adelina Patti 1890 auf ihrer Mittelamerikatournee in Costa Rica nicht auftreten konnte, weil kein geeignetes Podium zur Verfügung stand, waren die Kaffeebarone des Landes pikiert und erhoben fortan eine freiwillige Sondersteuer auf ihre Exporte, um ein repräsentatives Theater zu finanzieren. Das der Pariser Oper nachempfundene *Teatro Nacional* (eröffnet 1897) ist das Schmuckstück der Hauptstadt und eines der schönsten Gebäude des Landes. Sehenswert ist das Deckengemälde des Mailänder Malers *Aleardo Villa* im Gang zwischen Vorraum und Theatersaal mit Motiven aus der Bananen- und Kaffeeernte. Das farbenfrohe Motiv zierte lange die inzwischen aus dem Verkehr gezogene 5-Colones-Note.

Teatro Mélico Salazár (40), Av. 2 Ecke Calle Central, Tel.: 2233-5424, *www.teatromelico.go.cr*, schönes Gebäude (erbaut 1928) mit ambitionierten Theater-, Konzert- und Tanzveranstaltungen.

Gemälde von Aleardo Villa im Teatro Nacional

Casa Amarilla

Teatro La Máscara (52), Calle 13, zw. Av. 2 u. 6, Tel.: 2222-4574, *http://teatrolamascaracr.com*, nette Komödien für alle, die der Landessprache mächtig sind. Die Konkurrenz lauert gegenüber im **Teatro Molière**.

Centro Nacional de la Cultura (CENAC), Calle 11, zw. Av. 3 u. 7, Tel.: 2221-2154, *www.mcj.go.cr* und *www.madc.cr*

Das großzügig angelegte Gelände einer ehemaligen Likörfabrik beheimatet heute das Museum für zeitgenössische Kunst (MADC) und verschiedene Theatergruppen.

CCM betreibt mehrere moderne **Kinos** an der Peripherie der Hauptstadt. Orte und Programminfo unter Tel.: 2248-4464 und *www.ccmcinemas.com*

Nova Cinema IMAX, 206 Avenida Escazú, neben dem CIMA-Hospital, Tel.: 2299-7666, *www.imax.com/theatres/t/nova-cinemas-imax*, grandioses 3D-Kino. Die 28 x 13 m-Panoramaleinwand verspricht ein Kinoerlebnis vom Feinsten. Die Umgebung lädt zum Shoppen ein. Mehrere Schnellrestaurants und eine Eisdiele sorgen fürs leibliche Wohl.

Casa Amarilla (9), Av. 7, zw. Calle 11 und 13

Das schöne Kolonialgebäude (»Gelbes Haus«) gehört zum Außenministerium und wird vorwiegend für Empfänge genutzt. Es ist für die Öffentlichkeit nicht zugänglich. Dennoch lohnt sich ein Rundgang: Der prächtige Kapokbaum vor dem Haupteingang wurde 1963 von John F. Kennedy gepflanzt, und auf der nordöstlichen Seite des Gebäudes (Calle 13, Ecke Av. 9) sehen Sie ein großes Stück Berliner Mauer.

Tagsüber in San José

Stadterkundung

Das Zentrum der Hauptstadt ist klein und gut überschaubar. Alle Sehenswürdigkeiten sind gut zu Fuß erreichbar.

Nach einem kräftigen Frühstück in Ihrem Hotel beginnen Sie Ihre Tour an der *Plaza de la Cultura*, dem Herzen der Stadt, mit einer Besichtigung der unter dem Platz gebunkerten Schätze des *Museo del Oro* (44). Danach bietet sich ein Besuch des neben dem Platz gelegenen *Teatro Nacional* (43) oder zumindest eine Kaffeepause im Theatercafé (42, → Tipp S. 97) an. Dann marschieren Sie die Avenida 2 entgegen der Verkehrsrichtung, vorbei an der *Catedral Metropolitano* und dem *Parque Central* mit seinem futuristisch gewölbtem Betondach bis zur Calle 6. Biegen

Erfrischung am Saftstand im Mercado Central

Parque Central

Hauptpostamt Correo Central

Parque Morazán

Sie nach rechts ab, gehen Sie, wieder entgegen der Verkehrsrichtung, einen Häuserblock bis zur Av. Central und betreten dort den überdachten *Mercado Central* (→ S. 88). Hier können Sie ein wenig shoppen (Vorsicht Taschendiebe!) und unter Einheimischen gut und preiswert landestypische Gerichte kosten. Weiter geht's auf der Av. Central (Fußgängerzone) in östlicher Richtung bis zur Calle 2. Biegen Sie nach dem Gebäude der *Banco Central de Costa Rica* (31) links in die Calle 2 ein und Sie sehen nach wenigen Metern auf der linken Straßenseite das imposante Hauptpostamt *Correo Central* (20) aus dem Jahre 1914. Die Schalter sind Mo.–Fr. von 7.30 bis 18 Uhr und samstags bis 12 Uhr geöffnet. Nur hier können Sie Briefmarken kaufen (→ Post, S. 65)! Philatelisten finden im 1. Stock eine kleine Briefmarkenausstellung (Mo.–Fr. 8–17 Uhr). Wandern Sie nun die Av. 3 in östlicher Richtung weiter bis zum *Parque Morazán* und dem anschließenden *Parque España*, an dessen Nordende sich das INS Versicherungshochhaus (8) mit dem *Jade Museum* und die *Casa Amarilla* (9, → S. 91) befindet. Je nachdem, wie Sie in der Zeit liegen, können Sie das Jade-Museum besichtigen oder sich für das rund 10 Gehminuten (über Av. 7 und Calle 15, entlang dem *Parque Nacional* bis zur Av. Central) entfernte *Museo Nacional* entscheiden, das neben Jade noch einen tollen Schmetterlingsgarten und einiges mehr zu bieten hat (46, → S. 86), aber bereits um 16.30 Uhr die Pforten schließt. Hinterher lohnt noch ein Besuch am Kunstgewerbemarkt *Mercado de Artesanías* (32), zwischen *Plaza de la Democracia* und Calle 13. Ein kurzer Spaziergang entlang der von

La Sabana-Naherholungspark

Läden, Restaurants und Supermarkt gesäumten Av. Central in westlicher Richtung führt zurück zu Ihrem Ausgangspunkt, der *Plaza de la Cultura*.

Stadtparks

In den wenigen, zentralen Stadtparks, die Sie während Ihres Rundgangs gesehen haben, verbringen viele *Joséfinos* – so nennen sich die Einwohner San Josés – ihre Mittagspause. Im *Parque Central* und im *Parque Morazán* finden an Wochenenden oft Open-Air-Konzerte und Kundgebungen statt.

La Sabana Park

Am westlichen Ende des Paseo Colon (Verlängerung der Av. Central) wurde auf dem Gelände des ehemaligen internationalen Flughafens der größte Naherholungspark der Stadt angelegt, der *Parque Metropolitano La Sabana*, dessen Zentrum ein künstlicher See ziert und in dessen westlichem Teil sich stolz das *Nationalstadion* (mit Platz für 25 000 Besucher) erhebt. Der Park ist meist gut besucht und von Polizei zu Pferd und auf dem Fahrrad bewacht. Besonders an Wochenenden tummeln sich hier Familien mit Kindern, Spaziergänger, Jogger sowie Fußball- und Volleyballspieler. Oft werden Pferde zum Reiten für Groß und Klein angeboten und am See gibt es Tretboote zu mieten.

<ins>So kommt man hin:</ins> Per pedes ab Stadtzentrum in ca. 40 Minuten, mit dem Bus, Haltestelle vor dem Ministerio Hacienda (48) bis »Sabana Estadio«, oder per Taxi oder Leihwagen.

Vergnügungspark

Den ***Parque Nacional de Diversiones*** finden Sie auf der Autobahn Richtung Flughafen, 2 km nordwestlich des Hospitals México, Tel.: 2242-9200, jahreszeitlich bedingt wechselnde Öffnungszeiten, siehe *www.parque-diversiones.com*

Rummelplatz mit Achterbahn, Autoscooter, Karussells, Riesenrad, Freifallturm, Rutschen und Tretbooten. Die rund 30 Fahrgeschäfte sind vorwiegend auf die Benutzung durch Kinder ausgerichtet. Ein Paradies für Zwei- bis Zwölfjährige mit zahlreichen Imbissbuden.

Freilichtmuseum

Neben dem *Parque Nacional de Diversiones* befindet sich das Freilichtmuseum ***Pueblo Antiguo*** (gleiche Tel.-Nr.), das allerdings nur an Wochenenden geöffnet hat, *www.puebloantiguo.co.cr*

In nachgebauten Hütten und Häusern wird das Leben der Costa Ricaner und ihrer Vorfahren dargestellt. Künstler führen traditionelles Handwerk vor, u.a. die Herstellung von Keramik- und Lederwaren, und Laienschauspieler demonstrieren landwirtschaftliche Arbeiten. Zahlreiche Shows, Shops, Restaurants und Imbissbuden erinnern ein wenig an Disneyland.

Freibad

Pools, in denen Sie mal ein paar längere Bahnen schwimmen können, finden Sie in Costa Rica nur in großen Luxushotels oder in den beiden nur für Mitglieder zugänglichen Country Clubs. Eine Alternative für anspruchslose Frischwasserfanatiker bietet das **Balneario Ojo de Agua**, ca. 1 km Luftlinie südl. des *Internationalen Flughafens Juan Santamaría,* per Bus ab Calle 10, zw. Av. 2 u. 4, Richtung *San Antonio de Belén / Ojo de Agua* direkt erreichbar. Mit dem Taxi oder Leihwagen fahren Sie über die Autopista Richtung Flughafen und biegen nach dem *Doubletree Hilton Cariari* in westlicher Richtung nach San Antonio de Belén ab. Dort folgen Sie Rich-

Ojo de Agua

tung Norden der Ausschilderung *Ojo de Agua* (Auge des Wassers). Die Quelle sprudelt mit 350 Litern pro Sekunde aus der Erde und versorgt einen Teil *San Josés* sowie die Stadt *Alajuela* und das 80 km entfernte *Puntarenas* mit Trinkwasser.

Das *Balneario* (Bad) hat schon bessere Zeiten gesehen. Wasserratten finden hier Abkühlung (Wassertemperatur um die 20 Grad) in 5 Schwimmbecken und unter einem künstlichen Wasserfall. Geöffnet tägl. zwischen 7.30 und 16.30 Uhr. Eintritt ca. 3 US$.

San José bei Nacht

Das Nachtleben spielt sich vor allem östlich des Stadtzentrums zwischen Av. Central und Av. 3 ab. Hier finden Sie jede Menge Restaurants, Bars und Casinos. Während die meisten Restaurants gegen 23 Uhr schließen, geht das Treiben in den Casinos bis in die frühen Morgenstunden.

Wer in angenehmem Ambiente gepflegt essen will, geht ins *Centro Comercial El Pueblo* (s.u.) oder ins *Le Monastère* im Vorort San Rafaél de Escazú, mit berauschendem Blick über das Lichtermeer der Stadt.

Key Largo (26), Calle 7, Ecke Parque Morazán, Eingang von der C 9, gegenüber Hotel Del Rey, Tel.: 2233-4879, geöffnet von 20 Uhr bis 3 Uhr früh.

Der schillerndste Treffpunkt vieler Schönheiten der Nacht. Das historische Gebäude bietet in mehreren Sälen Barbetrieb, Live-Musik (tägl. 22 Uhr bis 1 Uhr früh) und Disco (21 Uhr bis 3 Uhr früh). Die Herren können in das Key Largo sowohl mit ihrer Partnerin gehen als auch – bei Solobesuchen – sehr schnell Bekanntschaften schließen. Richtig Stimmung kommt meist erst nach Beginn der Live-Musik auf. Das angeschlossene Restaurant *Del Mar* serviert internationale Küche bis in die frühen Morgenstunden.

Jazz Café San Pedro + Escazú
www.jazzcafecostarica.com, zwei Lokale:
San Pedro: Av. Central, contiguo al Banco Popular, Tel.: 2253-8933
Escazú: contiguo al Comfort Suizo, frente al Hospital Cima, Tel.: 2288-4740

Guter Jazz (live!) und leckeres Essen (Suppen, Fleisch, Fisch, Pasta, Sandwiches, Pizza). Reservierung empfohlen!

La Burbujita, im Centro Comercial El Pueblo (s.u.), Rock, Reggae und Punk am Wochenende (Fr. + Sa.) bis spät in die Nacht!

Discos (Punk, Rock, Techno), in denen sich die einheimische Jugend trifft, finden Sie in der Av. Central, ab Calle 21 ostwärts.

Cafés und Restaurants

Ob Pasta, Steak oder Fisch, Vegetarisch, Französisch, Chinesisch oder einfach nur Kaffee und Kuchen: In San José müssen Sie nie lange suchen! Hier eine kleine Auswahl:

Alma de Café (42), im nördlichen Seitenflügel des Nationaltheaters, geöffnet tägl. von 9–19 Uhr, Tel.: 210-1119, *www.almadecafe.net*, hausgemachter Apfelkuchen, leckere Crêpes, Wraps, Salate, Sandwiches und Lasagne.

Tipp: Wer dort konsumiert und aufs stille Örtchen muss, wird nicht nur mit Marmorwaschbecken und goldenen Wasserhähnen überrascht, sondern kann auch – im Gang zwischen Vorraum und Theatersaal – das berühmte Deckengemälde von *Aleardo Villa*, eine der Hauptattraktionen des Nationaltheaters (→ S. 90), ohne Eintrittsgebühr bewundern!

In ganz Costa Rica besteht in allen Cafés, Bars und Restaurants **Rauchverbot** – auch in den Außenbereichen! Rauchverbot gilt auch auf öffentlichen Plätzen und in Hotelzimmern. Drastische Strafen bei Missachtung!

Cafeteria 1930 Gran Hotel Costa Rica (41), an der Plaza de la Cultura, mit Blick auf das Nationaltheater, tägl. 6–23 Uhr. Traditionscafé im Herzen der Stadt und das einzige Café in San José mit einem Außenbereich! Guter Kaffee, Kuchen und Flan. Das Ambiente zahlt man mit.

El Balcon de Europa (37), Calle 9, zw. Av. Central u. 1, Tel.: 2221-4841, Di.–So. 11–23 Uhr. Ältestes Restaurant Costa Ricas (seit 1909), angenehmes Ambiente, Steaks, Fisch, Pasta, Risottos, leckere Desserts, gelegentlich mit Musik.

Visnu (22), Av. 1, zw. Calle 1 u. 3 und Av. 3, zw. Calle Central u. 1, Tel.: 2223-4434, tägl. 7–21 Uhr. Vegetarische Burger und Pasta, dazu leckere Salate und frisch gepresste Säfte.

Otero's Pizza (23), Av. 1, Ecke Calle 3, Tel.: 2221-4343, *www.oterospizza.com*, die beste Pizza der Stadt! Außerdem Spaghetti, Lasagne, vegetarische Spaghetti, Salate, Desserts. Sehr einfache Einrichtung.

Hotels & Casinos

2 Hotel Garden Court
3 Hotel La Oficina
6 Hotel Kekoldi
7 Hotel Don Carlos
10 Hotel Santo Tómas
13 Hotel Aurola Holiday Inn
14 Hotel Europa
18 Sleep Inn
27 Hotel Morazán
28 Hotel Del Rey & Casino
30 Hostel Gran Imperial
35 Hotel Balmoral
41 Gran Hotel Costa Rica
45 Hotel Presidente
50 Hotel Palm House Inn
51 Hostel El Museo
53 Hotel Fleur de Lys

Restaurants & Cafés

22 Veg. Restaurant Vishnu (2 x)
23 Otero's Pizza
25 Restaurant Lung Mun
26 Key Largo Bar & Restaurant
36 Pasaje Plazavenida (mehrere Schnellrestaurants)
37 El Balcón de Europa (Italiener)
42 Alma de Café

Sonstiges

1 Museo de los Niños
4 Jazz Club
5 Reisebüro Conexpress
8 INS (Versicherung)
9 Casa Amarilla
11 Reisebüro EASA (internat.)
12 Reisebüro Fast (internat.)
15 Banco de Costa Rica (3x)
16 Supermarkt Deli (2 x)
17 Supermarkt Auto Mercado
19 Banco Nacional de Costa Rica (2x)
20 Hauptpostamt
21 Apotheke / Farmacia Fischel (3 x)
24 PC Store (Verkauf & Reparatur)
29 Supermarkt am/pm
31 Banco Central de Costa Rica
32 Souvenirs & Kunsthandwerk (2 x)
33 Kaufhaus »El Universal«
34 Libreria Lehmanns (Bücher & Schreibwaren)
38 Supermarkt MasXMenos
39 Museo del Jade y la Cultura Precolumbina
40 Teatro Mélico Salazár
43 Teatro Nacional
44 Museo del Oro + Museo Numismático
46 Museo Nacional
47 Banco Popular
48 Ministerio Hacienda
49 Wäscherei & Reinigung Sixaola
52 Teatro La Máscara (Komödien)

Lung Mun (25), Av. 1 zw. Calle 5 u. 7, Tel.: 2222-9256, Mo.–Fr. 11–22.30 Uhr, gute und preiswerte chinesische, einheimische und internationale Küche. Sehr einfache Einrichtung.

Centro Comercial El Pueblo, Barrio Tournón (Calle 3 ab *Plaza de la Cultura* ca. 1,5 km Richtung Norden, nach der Brücke über den *Río Torres* rechts, nach ca. 600 m auf der linken Seite). Im spanischen Kolonialstil nachgebautes Dörfchen mit Souvenirshops und einigen guten Restaurants mit nationaler und internationaler Küche (abends am besten per Taxi). Gut gespeist haben wir im *La Cocina de Leña* (Tel.: 2222-1003) und *Papa Pez* (Tel.: 2233-8145). Am Wochenende ist auf dem Gelände die Rock- und Punk-Bar *La Burbujita* Publikumsmagnet für die junge Generation.

La Monastère, Calle Pilas, San Raphael de Escazú, auf der alten Straße nach Santa Ana biegen Sie am Multicentro Paco in südöstlicher Richtung ab und folgen der Beschilderung (grüne Kreuze), Tel.: 2228-8515, *www.monastere-restaurant.com*, Mo.–Sa. 18.30 bis 22.30 Uhr.

Es erwartet Sie internationale Cuisine der gehobenen Klasse und ein traumhafter Ausblick über San José und das Valle Central. Das beste Restaurant in der Region!

Hotels in San José

In San José finden Sie das ganze Jahr über ein Bett. Wir haben über 80 Hotels und Pensionen angesehen und daraus für Sie eine kleine Auswahl getroffen. Die Nummer (in Klammern) hinter dem Hotelnamen entspricht der Nummer auf unserem Stadtplan. Viele der genannten Unterkünfte sind nicht auf den großen Hotelportalen gelistet und nur über die angegebene, hoteleigene Website buchbar.

Musiker im Parque España

Tipp: Die Zimmer fallen innerhalb des gleichen Hotels und der gleichen Preiskategorie oft recht unterschiedlich aus. Schauen Sie sich Ihr Zimmer an – auch wenn Sie online gebucht haben – bevor Sie einchecken!

Die meisten großen Hotelketten sind mit *Luxushotels* rund um den Flughafen vertreten, u. a. **Doubletree Hilton Cariari, Wyndham San José Herradura, Marriott, Barceló San José Palacio** und **Crowne Plaza San José Corobici.**

Aurola Holiday Inn (13), Av. 5, Ecke Calle 5, am Parque Morazán, Tel.: 2523-1000, *www.aurolahotels.com,* eines der wenigen Hochhäuser und das einzige Luxushotel im Zentrum der Stadt. $$$$ – $$$$$

Hotel Best Western Irazú, km **3 Autopista General Cañas**, Stadtteil La Uruca, zwischen Flughafen und Stadtzentrum, Tel.: 2290-9300, *www.bestwesterncostarica.com,* mit 319 Zimmern eines der größten Hotels des Landes, Bad, WC, Kabel-TV, WiFi, AC, Safe, Kaffeemaschine, Tennisplatz, Pool, Casino, Coffee Shop, kostenloser Airporttransfer, Tourenangebot.
$$$ – $$$$

Hotel Presidente (45), Av. Central Ecke Calle 7, Tel.: 2010-0000, *www.hotel-presidente.com,* 85 Zimmer mit Bad, WC, Kabel-TV, WiFi, AC, Safe, Minibar, sehr gutes Frühstücksbuffet, nur 100 m zum Zentrum.
$$$ – $$$$

Hotel Balmoral (35), Av. Central Ecke Calle 7, Tel.: 2221-7826, *www.balmoral.co.cr,* 112 Zimmer mit Dusche, WC, Kabel-TV, WiFi, AC, Safe, Minibar, sehr gutes Frühstücksbuffet, nur 100 m zum Zentrum.
$$$ – $$$$

Sleep Inn (18), Av. 3, zw. Calle 9 u. 11, Tel.: 2521-6500, *www.*

sleepinnsanjose.com, 86 Zimmer mit Bad, WC, Kabel-TV, WiFi, AC, Safe, Minibar, Fitnessraum, nur 7 Min. zum Zentrum. $$$–$$$$

Hotel Aeropuerto, an der Interamericana (Autopista Bernardo Soto), 4 km westlich des Internationalen Flughafens Juan Santamaría, Tel.: 2433-7333, *www.airporthotelcostarica.com*, nettes, familiengeführtes Hotel mit gutem Restaurant, alle Zimmer mit Telefon, Kabel-TV, Bad/WC, AC und Kaffeemaschine. Frühstücksbuffet und Transport vom oder zum Flughafen inklusive! Ideal für alle, die nur kurz bleiben oder die Nacht vor dem Heimflug in Flughafennähe verbringen wollen. $$$

Gran Hotel Costa Rica (41), Plaza de la Cultura, Tel.: 2221-4000, *www.granhotelcostarica.com*, altehrwürdiges Haus mit Ambiente im Herzen der Stadt, 109 Zimmer mit Badewanne, WC, Satelliten-TV, WiFi, AC, Deckenventilator, Safe, Minibar. $$$

Hotel Fleur de Lys (53), Calle 13 zw. Av. 2 u. 6, Tel.: 2223-1204, *www.hotelfleurdelys.com*, 30 geschmackvoll eingerichtete Zimmer, die statt Nummern Blumennamen tragen, Bad, WC, Kabel-TV, WiFi, AC, ruhige Lage, 10 Min. zum Zentrum. $$$

Don Carlos (7), Calle 9, Ecke Av. 9, Tel.: 2221-6707, *www.doncarloshotel.com*, 33 stilvoll eingerichtete Zimmer, mit Bad, WC, Kabel-TV, Safe, WiFi, ruhig, 10 Min. zum Zentrum. $$$

Del Rey Hotel & Casino (28), Av. 1 Ecke Calle 9, Tel.: 2257-7800, *www.delreyhotel.com*, 104 Zimmer mit Bad, WC, Kabel-TV, WiFi, AC, Safe, Minibar. Sehr schönes Gebäude im Zentrum des Nachtlebens. 24 Std. Casino-, Bar- und Restaurantbetrieb sind bis ins vorletzte Stockwerk hörbar: Ideal für lärmresistente Nachtschwärmer und Spieler. $$$

Hotel Kekoldi, (6), Av.9, Ecke Calle 7, Tel.: 2248-0804, *www.kekoldi.com*, 10 gemütliche, pastellfarbene Zimmer, Telefon mit kostenfreien Ortsgesprächen, Kabel-TV, Bad/WC, Safe, WiFi, ruhig, 8 Min. zum Zentrum. $$–$$$

Hotel Santo Tómas (10), Av. 7 zw. Calle 3 u. 5, Tel.: 2255-0448, *www.hotelsantotomas.com*, 30 Zimmer, mit Bad, WC, Kabel-TV, WiFi, Fitnessraum, Pool, Restaurant, Tourenangebot, ruhig, 7 Min. zum Zentrum. $$–$$$

Hotel Europa (14), Calle Central Ecke Av. 5, Tel.: 2222-1222, *www.hoteleuropacr.com,* 72 Zimmer mit Badewanne, WC, Kabel-TV, WiFi, AC, Safe, teilw. mit Kühlschrank, Restaurant im Haus, 6 Min. zum Zentrum. **Tipp:** Gutes Preis-Leistungsverhältnis! $ $

The Palmhouse Inn (50), Calle 13 zw. Av. 2 u. 6, Tel.: 2223-9063, *www.thepalmhouseinn.com,* 12 modern eingerichtete Zimmer, Bad, WC, Kabel-TV, WiFi, AC oder Ventilator, Safe, ruhige Lage, 10 Min. zum Zentrum. $ $

Hotel Morazán & Casino (27), Av. 1 Ecke Calle 7, Tel.: 2222-4622, *www.hotelcostaricamorazan.com,* 41 Zimmer mit Badewanne, WC, Kabel-TV, WiFi, AC, Safe, nahe am Nachtleben und nur 3 Min. zum Zentrum. Laut, aber für die zentrumsnahe Lage günstig. $ $

Hostel Gran Imperial (39), Calle 8, Ecke Av. 1, gegenüber dem Mercado Central, Tel.: 2222-5004, *www.hostelgranimperial.com*, relativ laut, aber nur ca. 100 m zur Fußgängerzone und 800 m zur Plaza de la Cultura, 30 einfache, aber freundliche Zimmer, Ventilator, Kabel-TV, Küche, Wäscheservice, Gemeinschaftsraum, separater Nichtraucher- und Raucherbalkon, teilweise mit eigenem Bad / WC, Ausflugsangebote. $

Costa Rica Backpackers, Av. 6, zw. Calle 21 u. 25, Tel.: 2221-6191, *www.costaricabackpackers.com*, sehr einfache Schlafstellen, nettes Ambiente mit Kabel-TV, WiFi, Küche, Wäscheservice, Pool, Ausflugsangebote und gute Vernetzung zu anderen Hostels im Land, ca. 1500 m zum Zentrum. $ – $ $

Hotel La Oficina (3), Calle 1 Ecke Av. 9, Tel.: 2258-5334, in diesem »Büro« treffen sich Abteilungsleiter mit ihren Sekretärinnen, junge Pärchen, die ihre Liebe geheim halten wollen und andere Seitenspringer auf ein paar ungestörte Stündchen. Kabel-TV, Dusche, Bad, WC, Whirlpool. $ – $ $

Gastfamilien

Die beste Art, Land und Leute wirklich kennen zu lernen, ist der Aufenthalt in einer Gastfamilie. Neben den bekannten Internetportalen (Stichworte: *homestay, couchsurfing)* vermitteln die meisten Sprachschulen (→ S. 70) Gastfamilien auch dann, wenn Sie keine Sprachkurse dort belegen.

Tagesausflüge ab San José / Valle Central

Alles über Kaffee oder Kaffee über alles?

Wenn Sie ein Fan der anregenden braunen Brühe sind, sollten Sie unbedingt den Ursprung Ihres Lebenselixiers – den Kaffeestrauch – gesehen haben. Eine süßduftende, schneeweiße Kaffeeplantage in der Blütezeit ist eine wahre Augenweide. Interessant wird's aber während der Erntezeit (→ S. 37), wenn die roten Kaffeekirschen von den Sträuchern gepflückt und die Samen (Bohnen) vom Fruchtfleisch getrennt und getrocknet werden.

Die bekannteste Kaffee-Informations- und Verkaufsveranstaltung in San José ist die *BRITT-Coffeetour*. Sie können selbst anreisen (Heredia, 15 km nördlich von San José Zentrum) oder sich von Ihrem Hotel in San José abholen lassen. Es werden zwei durchaus interessante Touren angeboten (1,5 Std. oder 4 Std. mit Naturlehrpfad und Mittagessen).

Nähere Informationen und Buchung: ***www.coffeetour.com***

Vulkan Poás, Grecia, Sarchí

Kombinieren Sie einem Ausflug zum aktiven *Vulkan Poás* mit einem Besuch der Orte *Grecia* (World of Snakes, Metallkirche, Zuckermühle) und *Sarchí* (traditionelles Holzhandwerk).

Vulkan Poás

Den Ausflug zum knapp 40 km und rund 1 Autostunde vom Zentrum der Hauptstadt entfernten Vulkan können Sie im Leihwagen, mit einer organisierten Tour oder per Taxi unternehmen.

Vorab zwei Tipps:

- Brechen Sie möglichst früh auf und eine klare Sicht wird Sie belohnen!
- Meiden Sie Wochenenden und Feiertage, da an diesen Tagen wahre Besucherströme den Vulkan heimsuchen.

Schon die Fahrt ist ein Erlebnis für sich, zumindest ab dem Internationalen Flughafen Juan Santamaría. Von hier schlängelt sich die kleine Landstraße über den Ort Alajuela in nördlicher Richtung langsam durch die

Vulkan Poás

liebliche Gegend, vorbei an Hängen voller Kaffeesträucher, bis hinauf in Höhen, wo Kartoffeln und Erdbeeren angebaut werden. Mischwald und dichtes Farnkraut säumen den Wegesrand.

Nutzen Sie die Gelegenheit, sich in einem der kleinen Restaurants unterwegs mit einem typisch costa-ricanischen Frühstück zu stärken. Zwischendurch bietet sich immer wieder eine herrliche Aussicht auf das *Valle Central.*

Die Zufahrtsstraße endet an einem großen Parkplatz, neben dem das Besucherzentrum mit Restaurant liegt. Hier können Sie sich sowohl durch einen Film als auch durch eine ständige Ausstellung über den Vulkan sowie die Flora und Fauna des dazugehörigen Nationalparks informieren. Den Rest des Weges bis hin zum Kraterrand müssen Sie zu Fuß zurücklegen (ca. 15 Minuten).

Der *Poás* (2708 m), der auch unser Titelbild ziert, gehört zu den aktiven Vulkanen des Landes. Zuletzt war er 2014 tätig (mehrere phreatische Eruptionen im Kratersee), jedoch ohne großen Schaden anzurichten. Bei klarer Sicht sehen Sie den größten Krater der Erde mit einem Durchmesser von 1,7 km, in dem ein 300 m tiefer Schwefelsee brodelt. Selten kommen Sie so nah an einen aktiven Vulkankrater heran! An seinem Rand treten Fumarolen (Gase und Dämpfe) aus, die manchmal Augen und Nase der Besucher reizen. Je früher Sie da sind (von 8–15.30 Uhr ist geöffnet), desto größer ist die Chance, dass Sie diesen einzigartigen, überwältigenden Anblick unverhüllt von Wolken genießen können.

Nur wenige Meter von dieser »Mondlandschaft« entfernt beginnt ein artenreicher Nebelwald (5300 Hektar Fläche), der unter dem Schutz der Nationalparkverwaltung steht. Ein bergiger Rundpfad (optional, 30–40 Min. Wanderung) ermöglicht Ihnen eine wunderbare Aussicht über die *Laguna Boto*. Dieser glasklare, von sattem Grün eingefasste, kalte See des erloschenen Nebenkraters ist selbst nicht zugänglich.

Grecia

Rund 40 km (1 Autostunde) südwestlich des Vulkans Poás erreichen Sie über hügeliges Terrain

Metallkirche von Grecia

die Ortschaft *Grecia*, bekannt für ihre rotbraune Metallkirche *Iglesia de la Nuestra Señora de las Mercedes* aus dem Jahre 1892. Nur 1,5 km südlich lockt die *World of Snakes*, ein Highlight, das Sie sich nicht entgehen lassen sollten, und 7,5 km östlich von Grecia können Sie in *Santa Gertrudis Sur* eine alte Zuckermühle *(Los Trapiches)* besichtigen.

World of Snakes

Auf dem 2000 m^2 großen Gelände sind über 150 Schlangen (rund 50 verschiedene Arten) in großen, natürlich gestalteten Terrarien zu sehen. Vom Aussterben bedrohte Schlangenarten werden hier planmäßig gezüchtet und in den Nationalparks ausgesetzt. Die vom österreichischen Schlangenexperten *Robert Meidinger* errichtete *World of Snakes* ist damit der größte Schlangenpark und die größte Zuchtstation für Schlangen in ganz Lateinamerika.

Unechte Korallenschlange

In mehrsprachigen Führungen (deutsch, englisch oder spanisch) erfahren Sie viel Wissenswertes über die Lebensweise und ökologische Funktion der Schlangen. Sie lernen giftige und ungiftige Schlangen zu unterscheiden und vor allem viele der in Costa Rica beheimateten Kriechtiere kennen, die Ihnen auch mal bei Dschungelexkursionen unverhofft begegnen könnten, z.B. große und kleine *Boa constrictors*, die gelbe *Greifschwanz-Lanzenotter*, die berüchtigte *Buschmeisterschlange*, echte und unechte *Korallenschlangen* oder ganz harmlose *Nattern*.

1,5 km südlich von Grecia, Tel.: 2494-3700, *www.theworldofsnakes.com*, geöffnet täglich 8–17 Uhr (letzte, geführte Tour um 16 Uhr), Erwachsene 11 US$, Kinder 6 US$

Hochgiftige Lanzenotter

Die Ochsenkarren werden kunstvoll bemalt.

Sarchí

7,5 km nordöstlich von *Grecia* erreichen Sie *Sarchí*, des Zentrum des Holzhandwerks. Neben kleineren Holzsouvenirs aller Art, u.a. schönen Schnitzarbeiten, finden Sie auch handgemachte, wuchtige Bettgestelle, Schaukelstühle und Schränke.

Berühmt ist Sarchí jedoch für seine wunderschön von Hand bemalten Ochsenkarren, den sogenannten *Carretas*, die heutzutage aber nur noch selten als Transportmittel eingesetzt werden.

In den Werken *Fábrica de Carretas Chaverri* (älteste Fabrik, seit 1903) und *Fábrica de Carretas Eloy Alfaro*, beide in *Sarchí Norte*, können Sie bei der Fertigung und beim Bemalen der Kunstwerke zusehen.

Vor der Kirche im Stadtzentrum finden Sie den größten Ochsenkarren der Welt, der als solcher ins *Guiness Buch der Rekorde* eingetragen wurde.

Sofern Sie gut in der Zeit liegen, können Sie ebenfalls in Sarchí Norte noch eine Schmetterlingsfarm (Mariposas Sarchí, Tel.: 8741-0929) oder im 7 km westlich gelegenen Ort *Naranjo* eine kleine Kaffeetour (Espíritu Santo Coffee Tour, Tel.: 2450-3838) mitnehmen.

Kirche von Sarchí

Vulkan Irazú, Cartago, Orosital, Ujarrás, Turrialba

Diesen ausgedehnten Tagesausflug könnte man auch als Berg- und Tal-Tour bezeichnen: Zuerst geht's auf den höchsten Vulkan und dann in das romantischste Tal des Landes und last not least wieder in höhere Lagen. Die Tour ist nur unter optimalen Bedingungen (früher Start, gutes Wetter, annehmbare Straßenverhältnisse, d.h. kein Erdrutsch, Stau oder Baustellen) an einem Tag zu schaffen. Wenn Sie es etwas ruhiger angehen wollen, teilen Sie die Tour auf zwei Tagestouren auf oder legen Sie unterwegs eine Zwischenübernachtung ein.

Vulkan Irazú

Wollen Sie zu den wenigen Menschen gehören wollen, die von einem Standpunkt aus den Atlantik und den Pazifik gleichzeitig gesehen haben? Dann sollten Sie – mit warmer Kleidung gut gerüstet – um 6.30 Uhr die Stadt verlassen, um den 3432 m hohen höchsten Vulkan des Landes noch in den frühen Morgenstunden zu erobern. Nur dann haben Sie eine Chance auf eine gute Sicht!

Die Avenida 2 geht in östlicher Richtung direkt in die Nationalstraße Nr. 2 über, die Sie schnurstracks nach *Cartago* führt. Am Ende dieser Stadt folgen Sie den Wegweisern und fahren über *Tierra Blanca* und *San Juan de Chicuá* auf den *Volcán Irazú.*

Um diese Tageszeit benötigen Sie für die Strecke ab San José Zentrum gute 1 1/2 Stunden. Fahren Sie besonders auf der Bergstraße langsam! Hinter jeder Kurve können Rinder, Pferde oder Gesteinsbrocken die Fahrbahn blockieren. Die Straße endet an einem Parkplatz. Von da aus folgen Sie Ihrer Nase – der Schwefelgeruch der Fumarolen (vulkanische Gase und Wasserdämpfe) ist nicht zu überriechen – und erreichen nach etwa 10 Minuten Fußweg den höchsten Punkt.

Der Vulkan weist 4 Krater auf: Der größte hat einen Durchmesser von 1050 m und beherbergt einen 300 m tiefen, smaragdgrün schimmernden Vulkansee, der zweitgrößte hat einen Durchmesser von 700 m; die anderen beiden Krater sind klein und unbedeutend. Sie können auf einem ausgewiesenen Pfad ein wenig durch die karge Mondlandschaft spazieren. Von abweichenden Erkundungstouren und einer Kraterumrundung muss wegen Absturzgefahr abgeraten werden. Der *Irazú* (indianisch *Iztarú* = grollender Berg) wird in größeren Abständen immer wieder tätig, zuletzt 1963 (während

Vulkan Irazú aus der Luft

des Staatsbesuchs von US-Präsident John F. Kennedy) und 1994.

Die Jahresdurchschnittstemperatur liegt hier bei 11 Grad Celsius. Meist pfeift ein eisiger Wind um die Gemäuer der Wetterstation und die Antennenmasten eines Radiosenders. Rasch erhebt sich die Sonne an der Karibikküste. Genießen Sie das herrliche Schauspiel und blicken Sie – in entgegengesetzte Richtung – über das Valle Central und die langsam erwachende Hauptstadt bis hinunter zum Golf von Nicoya und zur Pazifikküste.

Häufig zieht schon ab 8 Uhr – da öffnet der kostenpflichtige Nationalpark gerade – eine immer dichter werdende Wolkendecke wie ein Vorhang unter Ihnen zu. Die Gegend erinnert mit ihren Pferdekoppeln, Viehherden und Einödhöfen etwas an unser Alpenhochland. Auf der fruchtbaren Vulkanerde gedeihen unter anderem Kartoffeln, Tomaten und Zwiebeln.

Cartago

30 km vom Gipfel des Irazú und 25 km vom Stadtzentrum San José entfernt, liegt die ehemalige Landeshauptstadt und heutige Provinzhauptstadt *Cartago.* Die Hauptverkehrsadern der Stadt sind die Av. 2 und die Av. Central, an deren östlichem Ende Sie das Highlight der Stadt finden:

Die 1926 erbaute *Basílica Virgen de los Angeles* ist die wichtigste Pilgerstätte des Landes.

Kathedrale von Cartago

Das imposante Gotteshaus mit der prächtigen Außenfassade und der Kuppel im byzantinischen Stil sollte man auch von innen gesehen haben. Neben dem Goldaltar ist vor allem »*La Negrita*« (»die kleine Schwarze)« der magische Anziehungspunkt für Gläubige. Gemeint ist eine kleine, schwarze Madonnenskulptur aus dem Jahre 1635, der heilende Kräfte zugeschrieben werden. Zu ihrem Festtag am 2. August pilgern jedes Jahr Tausende Gläubige aus ganz Costa Rica und den Nachbarländern in die Kirche. Auch das Wasser aus der Quelle hinter der Kirche soll heilende Kräfte haben und Sie dürfen sich gerne ein Fläschchen davon abfüllen.

4 km vom Stadtrand Cartagos Richtung nach Paraíso sehen Sie auf der rechten Straßenseite ein kleines Schild *Jardin Lankester/Lankester Gardens*. Hier sollten Sie abzweigen, wenn Sie eine der größten Orchideenfarmen der Welt bewundern wollen. Der englische Botaniker *Dr. Charles Lankester* etablierte hier in den vierziger Jahren ein Zucht- und Forschungsinstitut für Bromelien und Orchideen, das nach seinem Tod im Jahre 1969 in den Besitz der Universität Costa Ricas übergegangen ist. 800 Orchideenarten, 80 Baumarten und eine Unzahl seltener Vögel haben hier ihre Heimat gefunden. Der Botanische Garten Lankester ist täglich von 8.30 bis

16.30 Uhr geöffnet und kostet 7.50 US$ Eintritt. Blütezeit ist im März und April, manchmal auch schon ein paar Wochen früher oder länger.

Tipp: Fragen Sie am Eingang, ob die Orchideen blühen! Dann lohnen sich der Eintritt und der ein- bis zweistündige Rundgang!

Website: *www.jbl.ucr.ac.cr*

Orosital

Von Lankester Gardens nach *Paraíso* sind's noch 8 km. Dort fahren Sie gen Süden Richtung Orosi und erreichen nach 3 km den *Mirador Orosi,* einen Aussichtspunkt mit einem tollen Panoramablick auf das *Orosital* und den *Cachí-Stausee*, der von Westen her vom *Río Orosi* gespeist wird und Richtung Nordost in den *Río Reventazón* abfließt.

Die weitere Talfahrt gewährt Ihnen einen wunderbaren Ausblick auf die Niederungen des *Río Orosi* und sollte Sie – sofern Sie selbst am Steuer sitzen – nicht allzu sehr von der engen, kurvigen Straße ablenken.

Die 1743 im Kolonialstil erbaute Kirche von Orosi ist die älteste, noch erhaltene und als solche genutzte Kirche des Landes. Das angeschlossene *Museo de Arte Religioso* hat täglich von 9–12 und von 13–17 Uhr geöffnet.

Am südlichen Ortsrand von Orosi finden Sie zwei Thermalbäder:

Orosital

Balneario de Aguas Termales Orosi, geöffnet Mo.–Sa. 13–17 Uhr, So. 9–17 Uhr, *www.balnearioaguastermalesorosi.com*

Balneario de Aguas Termales Los Patios, geöffnet Di.–So. 8–16 Uhr, Tel.: 2533-3009, 2 Schwimmbecken werden von einer angenehm warmen Schwefelquelle gespeist.

Ein paar hundert Meter weiter südlich sehen Sie rechter Hand die *Beneficiadora Renex*, Tel.: 2533-3030, wo Sie bei der Kaffeeverarbeitung zusehen können.

Sofern Sie das liebliche Tal in seinen Bann gezogen hat und Sie eine (oder mehrere) Übernachtung(en) in Erwägung ziehen, oder auch nur zu Kaffee & Ku-

chen einkehren wollen, empfehlen wir:

Orosi Lodge, gleich neben dem Orosi-Thermalbad, Tel.: 2533-3640, *www.orosilodge.com*, Lodge im Kolonialstil, 6 Zimmer + 1 Chalet (bis 5 Pers.) + 1 Suite »Casita Colonial« mit Bad, WC, Deckenventilator, Kühlschrank, Kaffeemaschine, Balkon mit Vulkanblick, gemütliche Atmosphäre, gute Caféteria (mit WiFi), deutsche Leitung. Außerdem: Tourenangebot, Pferde- und Mountainbikeverleih. $$–$$$

Sanchiri Lodge, zwischen Paraíso und Orosi, Tel.: 2574-5454, *www.sanchiri.com,* 5 rustikale Cabañas und 12 Hotelzimmer mit Bad, WC, Kabel-TV, Telefon, und Blick ins Orosital, gutes Restaurant. $$–$$$

Ujarrás

Fahren Sie von Orosi in nördlicher Richtung zurück nach Paraíso (8 km) und dann 6 km gen Osten und Sie erreichen *Ujarrás*. Der Ort wurde 1833 wegen Überflutung verlassen. Mit den Überresten des bereits 1575 erbauten Gotteshauses *Iglesia de Nuestra Señora de la Limpia Concepción* sehen Sie die älteste Kirchenruine des Landes.

Gleich nebenan finden Sie ein nettes Restaurant sowie einen Picknickplatz, der Ihnen nochmals eine fantastische Aussicht über das *Orosital* ermöglicht. Von hier aus führt Sie ein Wanderweg durch wildromantische Landschaft zum *Lacustre-Charrara-Erholungspark* an den Ufern des *Cachí-Stausees*. Dorthin und zurück zum Parkplatz sollten Sie mindestens eine Stunde einrechnen.

Turrialba

Ab Paraíso erreichen Sie in einer guten Fahrstunde das 36 km nordöstlich gelegene Städtchen *Turrialba* (36 000 Einwohner), mit zahlreichen Hotels, Restaurants, Cafés und Internet-Cafés, das vor allem als Ausgangspunkt für Exkursionen in die Umgebung von Bedeutung ist. Angeboten werden u. a.:

River Rafting, siehe *www.ticoriver.com*

Sprachschule, siehe *www.spanishatlocations.com*

sowie – soweit die Natur es zulässt – Ausflüge zum nahen *Vulkan Turrialba* und zum Nationalmonument *Guayabo.*

Der 3340 m hohe **Vulkan Turrialba** stieß im Jahre 2010 eine gewaltige Aschewolke aus und brodelt derzeit gewaltig vor sich hin. Da sich schwer vorhersagen lässt, was der Vulkan vor hat, ist der Zugang zum Nationalpark und Aufstieg zum Krater momentan nicht möglich. Das kann sich aber jederzeit ändern.

20 km nördlich von Turrialba liegt **Guayabo,** das einzige **Nationalmonument** und die wichtigste archäologische Stätte des Landes. Von der versunkenen Stadt, die ihre Blütezeit lange vor den Entdeckungsreisen des Christoph Kolumbus hatte, man schätzt so zwischen 800 und 1400 nach Christus, ist bisher nur ein kleiner Teil freigelegt und auch den holt sich die Natur schon wieder. Man sieht gepflasterte Straßen, Brücken, Mauerteile, Zisternen und Treppen. Hier muss eine Hochkultur mit hierarchischen Strukturen und spezialisierten Handwerkern, Bauern und Jägern gelebt haben, über die man nur wenig weiß.

Rafting am Río Reventazón, der östlich an Turrialba vorbeifließt

Einige interessante Ausgrabungsteile (Skulpturen, Felszeichnungen, Skelette mit Beigaben) sind im *Nationalmuseum* in San José (→ S. 86) ausgestellt.

Das Gebiet um das Nationalmonument lädt auf mehreren Rundwegen *(Senderos)* zu Spaziergängen ein und belohnt Naturliebhaber mit einer prächtigen Flora und Fauna. Allerdings gibt es im nahen Umfeld keine touristische Infrastruktur. Ausreichend Trinkwasser und eine Brotzeit im Rucksack kann da nicht schaden!

Vulkan Barva Trekkingtour

Mit festem Schuhwerk, Regenumhang, warmer Kleidung, Trinkwasser und Marschverpflegung sind Sie für den *Barva* gut gerüstet. Der erloschene Vulkan (2906 m) mit seinen Kaltwasser-Kraterseen und seiner weitgehend unberührten Natur liegt im *Braulio-Carillo-Nationalpark* in der Provinz Heredia. Der (kostenpflichtige) Nationalpark ist in der Hauptsaison täglich von 8–16 Uhr geöffnet und deutlich weniger besucht als Nationalparks mit aktiven Vulkanen.

Die Anfahrt von San José zum 30 km entfernten Berg dauert etwa 45 Minuten: Fahren Sie zunächst Richtung Internationalem Flughafen, biegen Sie am Hospital Mexico Richtung Norden in die Staatsstraße 3 nach Heredia ab, durchqueren Sie den Ort und halten Sie sich an der Weggabelung nach *Barva* rechts, immer Richtung Norden bis *Sacramento*, dem letzten Dorf am Fuße des Vulkans. Unter günstigen Wetterbedingungen können Sie den ca. 5 km langen Weg bis zum Nationalparkeingang mit einem allradgetriebenen Jeep fahren. Bergwanderer nehmen die Herausforderung über den steilen, aber gut befestigten Gehweg.

Der Aufstieg zum größten der zehn Krater, der *Laguna Barva,* dauert etwa eine weitere Stunde und Sie haben sich die hoffentlich mitgebrachte Brotzeit redlich verdient. Oben am Berg gibt es kurze Wanderpfade *(Senderos)* durch einen exotischen Nebelwald, hinunter zur Lagune und hinauf zu einem Aussichtspunkt. Sie sehen Riesenfarne, Bromelien, Orchideen, Nasenbären, Schmetterlinge, Kolibris und, mit etwas Glück, sogar den farbenprächtigen Göttervogel *Quetzal.* Achten Sie bei jedem Tritt auch auf Schlangen, Echsen und Frösche und denken Sie daran:

Der Rückweg dauert mindestens genauso lange wie der Aufstieg und um 18 Uhr geht recht schnell die Sonne unter.

Die Trekkingtour zur *Laguna Copey* dauert (ab Rangerstation) gut doppelt so lange, führt über sehr schwieriges Terrain und ist nur für geübte Bergwanderer mit sehr guter Kondition eine Alternative.

Tipp: **Canopy Tour**, am Fuße des Barva, 5 km südlich von Sacramento, Tel.: 2266-0782, *www.canopycr.com,* erfahrener Anbieter (seit 1998), ein Bombenerlebnis!

Der Norden und Nordwesten

Der Norden und Nordwesten des Landes lockt mit saftig grünen, tropischen Nebel- und Regenwäldern, exotischen Schmetterlings- und Vogelarten, Faultieren, Horden von Affen und Nasenbären und interessanten Amphibien und Reptilien. Hängebrücken im Urwald, Canopy Touren, rauschende Wildwasserflüsse und rauchende Vulkane wecken den Abenteuergeist vieler Besucher.

Auf dem Weg Richtung Norden auf der Staatstraße 126 erreichen Sie nach 45 km (ab San José Zentrum) den Ort *Varablanca* und 5 km weiter die **Waterfall Gardens & Peace Lodge,** Tel.: 2482-2720, *www.waterfallgardens.com,* die zu einer Kaffeepause mit schönem Ausblick und herumschwirrenden Kolibris einlädt. Der künstlich angelegte, tropische Garten mit Wanderparcours und Schmetterlingsgarten, Vogel- und Affengehege, Frosch- und Schlangenausstellung ist schön anzusehen, aber im Eintritt teuer, zumal Sie die meisten Tierchen bald in freier Wildbahn treffen. Die rustikal eingerichteten Zimmer mit Feuerstelle und Whirlpool gibt's ab 400 US$ aufwärts. $ $ $ $ $

Nur ein kurzes Stück weiter auf kurvenreicher Straße Richtung Norden passieren Sie zwei imposante Wasserfälle: *Catarata la Paz* und *Catarata del Ángel,* wobei ersterer etwas höher ist. Mehrere Parkbuchten erlauben Fotostopps und eine spektakuläre Aussicht. Lassen Sie dennoch nie Ihre Wertsachen und Ihr Auto aus den Augen!

Sarapiquí-Gebiet

Sarapiquí ist ein Kanton innerhalb der Provinz Heredia mit der Kantonshauptstadt *Puerto Viejo de Sarapiquí* (nicht zu verwechseln mit *Puerto Viejo de Talamanca* an der südlichen Karibikküste). Das ruhige 7000-Seelen-Dorf am Zusammenfluss des *Río Sarapiquí* und des *Río Puerto Viejo* lebt überwiegend von Viehzucht und Bananenanbau und ist Ausgangspunkt für Bootstouren sowie Durchgangsort für Reisende an die Karibikküste und zu den umliegenden Naturschutzgebieten und Öko-Lodges.

Catarata del Ángel

Die Helikonie gibt der Insel ihren Namen.

Heliconia Island, zwischen Puerto Viejo de Sarapiquí und Horquetas, etwa 10 km südlich von Puerto Viejo, Tel.: 2764-5220, *www.heliconiaisland.com,* 4 saubere und hübsch eingerichtete Cabinas mit Bad, WC, wahlweise Deckenventilator oder AC, botanischer Garten mit zahlreichen Helikonien-, Bananen- und Ingwerarten. Im Tourenangebot: Wandern, Dschungeltouren, Bootsfahrten, Rafting, Reiten, Aerial Tram, Schmetterlingsgarten, Vulkan Poás, Biologische Station La Selva. Holländische Leitung. $ $ – **Tipp!**

Abenteuer

Sarapiquí Canopy Tour *www.crfunadventures.com*

Boca Tapada, Boca San Carlos

Sicher kennen Sie das Erlebnis, an einem sonnigen Tag durch den Zoo zu spazieren, exotische Vögel im Vogelhaus zu bestaunen und im Affengehege den Primaten bei ihren Kapriolen zuzusehen. Jedes Mal, wenn wir die ***Laguna del Lagarto Lodge*** bei *Boca Tapada* nahe der nicaraguanischen Grenze besuchten, hatten wir das Gefühl, es wäre genau umgekehrt: Wir saßen in der Lodge in unserem »Käfig« – glücklicherweise mit deutlich mehr Bewegungsfreiheit als die der Tiere im Zoo – und Schwärme von Vögeln sowie Horden von Affen und Nasenbären eilten neugierig herbei, um uns Menschen-Neuankömmlinge zu begutachten.

Die rustikale Lodge ist ein Highlight für Ornithologen aus aller Welt und ein unvergessliches Erlebnis für jeden Costa Rica-Besucher! Schon beim Frühstück leisten Ihnen in nächster Nähe sonst eher scheue, bunt schillernde Tukane mit ihren riesigen Schnäbeln Gesellschaft, und die sehr selten gewordenen, grünen Aras stimmen ein ins Konzert mit Papageien und Kuckucksvögeln. Über 380 verschiedene Vogelarten hat man hier schon gezählt.

Brüllaffen und Nasenbären gehören zur Laguna del Lagarto Lodge wie das Paddeln in der Lagune und das Entspannen in der Hängematte.

Für Touren auf ausgewiesenen Pfaden im umliegenden Regenwald stehen Ihnen Führer und frisch gereinigte Leihgummistiefel zur Verfügung. Von letzteren sollten Sie immer Gebrauch machen! Auf den Pfaden erblickt Ihr wachsames Auge häufig bunt schillernde, nur 1–2 cm große, rote, blaue, neongrüne oder gelbe Pfeilgiftfrösche *(Dendrobates)*, aus deren Schleimkonzentrat die Indios früher ihr Pfeilgift herstellten. Am häufigsten sind die roten Fröschchen mit blauer Sprenkelung oder blauen Beinen, die wegen ihres Aussehens im Volksmund Erdbeer- oder Jeansfrösche genannt werden. Solange Sie nicht den Schleim der Tiere in offene Wunden reiben oder eine größere Menge

Tourismuspionier Vinzenz Schmack

Der Deutsche Vinzenz A. Schmack wurde in Oberschlesien geboren, studierte Volkswirtschaft in München und arbeitete als Banker in führender Position in New York, Paris, Brüssel, Guatemala, der Dominikanischen Republik und in Costa Rica, wo er auch als Finanzberater für USAID tätig war. 1981 kaufte er aus einer Konkursmasse 110 Hektar Urwald an der nicaraguanischen Grenze, ließ das Sumpfgebiet zu einer künstlichen Lagune aufstauen und auf einer kleinen Anhöhe eine der ersten ökologisch verträglichen Lodges Costa Ricas aus dem Boden stampfen. Damals war *Boca Tapada* nur mit allradgetriebenen Geländefahrzeugen und das letzte Stück zur ersten Holzhütte der *Laguna del Lagarto Lodge* nur auf dem Rücken von Pferden zu erreichen. Für seine Arbeit wurde Vinzenz Schmack, der u.a. auch ein angesehener Umweltschützer, Rotarier und Ritter des Malteserordens ist, im Jahre 2013 von der damaligen Präsidentin Laura Chinchilla als Pionier des Tourismus in Costa Rica geehrt. Biografie: *www.heller-verlag.de/schmack.html*

lebendig verspeisen, besteht bei Berührung keine Gefahr.

Halten Sie öfters mal inne, lauschen Sie den Stimmen des Urwalds und blicken Sie ganz bewusst in alle Richtungen (auch nach unten und oben): Mal hängt ein Faultier müde in den Ästen, mal rauscht ein Schlange ängstlich davon, mal quakt ganz laut ein Ochsenfrosch, immer begleitet vom Konzert der Tropenvögel.

Nach dem schmackhaften Mittagessen paddeln Sie (mit oder ohne Führung und vorsorglich immer gut eingecremt!) ein Weilchen auf einer der beiden, zur Lodge gehörenden Lagunen, umsäumt von Ojoche-, Almendro- und Ceibabäumen, Würgefeigen, Schilf und Seerosen, vorbei an ruhenden Fledermäusen und faul in der Sonne bratenden Kaimanen. Die Angst vor der in dieser Gegend ansässigen, selten aggressiven Spezies, verlieren Sie spätestens bei der täglich nach dem Abendessen auf der Lodge stattfindenden Kaiman-Fütterung.

Auf den Wiesen rund ums Haus sehen Sie, wo (und wie) der Pfeffer wächst und wie Ananas und Palmherzen gedeihen.

Boca Tapada
Das 360-Seelen-Dorf liegt 55 km von unserer letzten Station *Puerto Viejo de Sarapiquí*, 150 km von *San José* und 14 km von der nicaraguanischen Grenze entfernt.

Von *Puerto Viejo de Sarapiquí* fahren Sie über *Chilamate, San Miguel, Río Cuarto, Aguas Zarcas* und *Pital* und erreichen *Boca Tapada* in rund 2 Stunden.

Von *San José* fahren Sie über *Alajuela, Poás, San Miguel, Río Cuarto, Aguas Zarcas* und *Pital* und erreichen *Boca Tapada* in rund 4 Stunden.

Die Menschen in Boca Tapada leben von Viehzucht, Ananasanbau und ein wenig vom Durchgangstourismus. Der Ort ist Ausgangspunkt für Bootsfahrten auf dem *Río San Carlos*, dessen Ufer von undurchdringlichem, tierreichem Urwald eingesäumt werden.

Laguna del Lagarto Lodge, 7 km nördlich von Boca Tapada, inmitten von 500 Hektar tropischem Urwald, Tel.: 2289-8163 (Büro San José), *www.lagarto-lodge-costa-rica.com,* 20 Doppelzimmer mit Bad, WC, Deckenventilator, Balkon, Restaurant mit sehr guter, einheimischer Küche, geführte Urwaldtouren, Gummistiefel- und Kanuverleih

Boca de San Carlos – der letzte Grenzposten vor Nicaragua

gratis (Bericht s. S. 120), Bootstouren auf dem Río San Carlos (kostenpflichtig), Transport ab Boca Tapada oder San José nach Vereinbarung, deutsche Leitung. Gutes Preis-Leistungsverhältnis! $$–$$$

Pedacito de Cielo, 6 km nördlich von Boca Tapada am Río San Carlos, Tel.: 8308-9595, *www.pedacitodecielo.com,* 15 geschmackvoll eingerichtete Holzbungalows, alle mit Ausblick auf den Río San Carlos, Bad, WC, Deckenventilator, gutes Restaurant, tropischer Garten, Boots- und Paddeltouren. Empfehlenswert! $$–$$$

Maquenque Ecolodge, 5 km nördlich von Boca Tapada am Río San Carlos, Tel.: 2479-8200, *www.maquenqueecolodge.com,* 14 hübsche Bungalows direkt am Fluss, geführte Urwaldtour und Kanuverleih kostenlos, Bar, Restaurant. Kleines Hindernis: Man muss von der Straße aus immer per Fähre den Río San Carlos überqueren, um zur Anlage auf der Westseite des Flusses zu gelangen. $$$–$$$$

Boca San Carlos

Der Ort liegt an der Westseite des Río San Carlos direkt an dessen Einmündung in den Río San Juan, den großen Grenzfluss zu Nicaragua. Das Dorf hat rund 180 Einwohner, einschließlich einer Hand voll Grenzpolizisten und ist nur auf dem Wasserweg über den Río San Carlos zu erreichen.

Muelle de San Carlos

Die etwa 80 km lange Strecke von Boca Tapada nach *Fortuna (Alajuela)* im Arenal-Gebiet führt Sie über den Verkehrsknotenpunkt *Muelle de San Carlos.* An der Hauptkreuzung zwischen den Rutas 4 (Ost-West) und 35 (Nord-Süd) machen Sie auf der 35 Richtung Norden (Los Chiles) einen kurzen Abstecher und erreichen nach ca. 1,5 km an einer Brücke gelegen das *Restaurante la Iguana* (Tel.: 2462-1107), ein interessanter Zwischenstopp, den Sie mitnehmen sollten: Auf den Bäumen rund um den *Río San Rafael,* der auf der Rückseite des Restaurants fließt und beidseits neben der Brücke tummeln sich **hunderte Leguane.** Die kleinen Drachen sind allesamt Vegetarier und nicht gefährlich.

La Fortuna

Arenal-Gebiet

La Fortuna

Der Ort hieß ursprünglich »*El Borio*« und wurde 1968 in »*La Fortuna*« (das Glück) umgetauft, weil seine Bewohner von den verheerenden Folgen des Vulkanausbruchs verschont geblieben waren. Das Städtchen (ca. 5000 Einwohner) ist gut überschaubar und idealer Ausgangspunkt für Exkursionen rund um den Vulkan und den See. Entlang der Hauptdurchgangsstraße (Ruta 142) und deren Nebenstraßen finden sich jede Menge Hotels, Restaurants, Supermärkte, Tourenanbieter, Banken und natürlich auch ein Postamt, eine Wäscherei, ein Internetcafé, ein Kunstgewerbemarkt und was das Herz sonst noch so begehrt.

Restaurantempfehlung

Restaurant La Choza de Laurel, Fortuna, auf der Ruta 142 neben dem Burger King, Tel.: 2479-7063, *www.lachozadelaurel.com,* gute, einheimische Küche, serviert in traditioneller Tracht.

Unterkünfte (Auswahl)

Hotel Las Colinas, Fortuna, Calle 468, 50 m südl. der Ruta 142, Tel.: 2479-9305, *www.lascolinasarenal.com,* Familienbetrieb mit 24 sehr ansprechenden Zimmern, zentrale Lage (100 m vom *Parque de la Fortuna*), Tourenangebot. **Unser Tipp!** Gutes Preis-Leistungsverhältnis!
$ $ – $ $ $

Hotel Vilma, Fortuna, an der Ruta 142, 3 km westlich des *Parque de la Fortuna,* Tel.: 2479-9215, *www.villasvilmahotel.com,* bunte, geräumige Bungalows

Arenal-Gebiet

1 Café & Restaurant Casa Delagua
2 Café & Macadamia
3 Lake Coter Eco Lodge
4 Hotel & Restaurant La Rana de Arenal
5 German Bakery / Tom's Pan
6 La Ceiba Tree Lodge
7 Venado-Höhlen
8 Toad Hall
9 La Pequeña Helvecia Hotel & Restaurant
10 Hanging Bridges
11 Staumauer
12 Polizeistation

mit Bad, WC, Kühlschrank, Kaffeemaschine, Kabel-TV, AC, Hängematte, Terrasse, Pool, Tourenangebot. **Unser Tipp!** Reservierung empfohlen! $$ – $$$

Arenal Backpackers Resort, Fortuna, an der Ruta 142, 500 m westlich der Kirche, Tel.: 2479-7000, *www.arenalbackpackers-resort.com,* Schlafsäle mit 8 Betten, unterschiedlich ausgestattete Zimmer und Zelte für 1–4 Personen, schöne Anlage mit großzügigem Swimmingpool und Tourenangeboten. $ – $$

13 Tabacón Resort
14 Arenal Manoa Resort
15 Hotel El Silencio del Campo Resort
16 Baldi Hot Springs Resort
17 Eco Termales / Hot Springs
18 Canoa Aventura (Kajak & Touren)
19 Arenal Observatory Lodge
20 Sky Tram
21 Hotel Linda Vista del Norte
22 Arenal Vista Lodge
23 Puerto San Luis Lodge + Yacht Club
24 Lake Arenal Hotel + Microcerveceria
25 Cataratas Viento Fresco (Wasserfälle)

Canoa Aventura (18), Fortuna, an der Ruta 142, 1500 m westlich der Kirche, Tel.: 2479-8200, *www.canoa-aventura.com,* solider Allround-Tourenanbieter mit Schwerpunkt Wassersport. Guter Service!

Eco Termales (17), Fortuna, an der Ruta 142, 5 km westlich der Kirche, auf der rechten Straßenseite, Tel.: 2479-8787, *www. ecotermalesfortuna.cr,* mehrere Wasserfälle und Thermalbecken mit Temperaturen zwischen 37° und 41° Celsius inmitten eines tropischen Gartens, Bar, gutes

Eco Termales

Restaurant, sehr schöne Anlage, geöffnet tägl. zwischen 10 und 21 Uhr.

Baldi Hot Springs Resort (16), Fortuna, an der Ruta 142, 5 km westlich der Kirche, auf der linken Straßenseite, Tel.: 2479-2190, *www.baldihotsprings.cr,* luxuriöse Hotelanlage mit 32 Zimmern, 25 Pools mit Temperaturen zwischen 32° und 67° Celsius in 3,5 Hektar tropischem

Der Vulkan Arenal (1633 m), der bis dahin als sanfter Hügel galt, erwachte am 29. Juli 1968 nach jahrhundertelangem Tiefschlaf mit einem gewaltigen Ausbruch, bei dem 78 Menschen ihr Leben lassen mussten. In den darauf folgenden Jahrzehnten war der Arenal einer der aktivsten Vulkane der Welt mit zahlreichen kleineren und größeren Eruptionen und einem ständigen Lavafluss, der vor allem nachts ein gespenstisches Schauspiel bot, wenn man weithin das Grollen des Berges hörte und die glühende, zähflüssige Lava ins Tal fließen sah. Am 24. Mai 2010 gab der Vulkan mit einem stärkeren Ausbruch seine Abschiedsparty und ließ in den folgenden Monaten seine Lavaströme langsam versiegen.
Geblieben sind noch ein paar kaum sichtbare Gaswölkchen und die luxuriösen Thermalbäder an der Nordseite des Vulkans, die ihre Existenz dem Berg verdanken und die er immer noch zuverlässig mit Warmwasser versorgt.

Arenal-See

Garten. Hotel $$$$$, Eintritt & Abendessen (17–21 Uhr) kann auch separat gebucht werden.

Hotel El Silencio del Campo (15), Fortuna, an der Ruta 142, 5,5 km westlich der Kirche, auf der rechten Straßenseite, Tel.: 2479-7055, *www.hotelsilenciodelcampo.com*, geräumige, rustikale Bungalows mit Bad, WC, AC, Kabel-TV, Kaffeemaschine, Kühlschrank, Safe, Garten und Vulkanblick. Gute, einheimische Küche. Sympathischer Familienbetrieb. $$$$

Rund um den Arenal-See

Die Straße, die südlich um den Arenal-See führt, ist in schlechtem Zustand. Umso ruhiger und abgeschiedener sind die dort angesiedelten Unterkünfte wie das

Tropischer Garten am Arenal-See

Hotel Linda Vista del Norte (21) und die **Arenal Vista Lodge** (22).

17 km westlich des Zentrums (Kirche und Park) von La Fortuna erreichen Sie die Staumauer des *Arenal-Sees*. Dort gibt es Parkplätze und die Möglichkeit, Bootsfahrten auf dem See zu buchen. Nach Überqueren der Staumauer führt rechts eine kleine Straße zu den **Hanging Bridges** (10), *www.hangingbridges.com*.

Die asphaltierte und gut befahrbare Ruta 142 führt Sie entlang der nördlichen und östlichen Ufer des Arenal-Sees, vorbei an einer Reihe von Cafés und Unterkünften: **Toad Hall** (8) hat das größte Werbeschild, aber nur 4 nette Zimmer und ein kleines Restaurant. Leckere Macadamia-Cakes, guten Kaffee und einen tollen Seeblick können Sie im Restaurant **Café & Macadamia** (2) genießen. Wem zwi-

schendurch nach deutscher Küche gelüstet, der kann seinen Gaumen in der **Deutschen Bäckerei** (5) oder im **Hotel & Restaurant La Rana de Arenal** (4) mit Weißwurst und Leberkäse befriedigen.

Freunde des braunen Gerstensafts sollten im **Lake Arenal Hotel / Restaurant La Huerta** (24) einkehren und in der dortigen Mikrobrauerei *(Microcervecería)* die aktuellen Biersorten der Woche (Honigbier, Mangobier etc.) verkosten.

Hotelauswahl

La Pequeña Helvecia Hotel & Restaurant (9), Nuevo Arenal, Tel.: 2692-8012, *www.pequena-helvecia.com,* ein Schweizer Dorf mitten in Costa Rica: Hotel (mit Pool), Restaurant (Schweizer Spezialitäten), Kirche, Bimmelbahn und Drehrestaurant in 770 m Höhe, Alpenambiente mit Seeblick. $$–$$$

La Ceiba Tree Lodge (6), Nuevo Arenal, Tel.: 2692-8050, *www.ceibatree-lodge.com,* 5 freundliche Zimmer mit Bad/WC, Terrasse, Hängematten und herrlichem Ausblick auf den See. $$$

La Rana de Arenal Hotel & Restaurant (4), Nuevo Arenal, Ruta 142, km 45, Tel.: 2694-4031, *www.hotel-larana-arenal.com,* 7 einfache Zimmer mit WC und Dusche, Bar, Restaurant mit deutscher Küche, zahlreiche Vögel (Tukane, Oropendola) zur Frühstückszeit, tropischer Garten, toller Seeblick! WiFi im Restaurant. Deutsche Leitung. $$

Lake Arenal Hotel & Microbrewery (24), 3 km von der Westspitze des Arenal-Sees, 8 km von Tilarán, Tel.: 2695-5050, *www.lakearenalhotel.com,* 21 geräumige Zimmer mit Terrasse, Hängematte, Seeblick. Außerdem:

Monte Verde (grüner Berg) nannten die Quäker ihr Siedlungsgebiet.

Pool, Bar, Lounge, Restaurant und kleine, aber feine, hauseigene Mikrobrauerei, Ausflugsangebote und Windsurferszene. $$$

Puerto San Luis Lodge + Yacht Club (23), auf der Straße nach Tronadora, gleich nach der Abzweigung Tilarán, Tel.: 2695-5750, *www.hotelpuertosanluiscr.com,* 20 saubere Zimmer, Bad, WC, Kabel-TV, einziger Yacht-Club des Sees. $$$$

Monteverde-Gebiet

Das *Monteverde-Gebiet* erstreckt sich über den Gebirgszug *Cordillera de Tilarán,* der kontinentalen Wasserscheide südöstlich des Arenal-Sees und umfasst den berühmten *Monteverde Nebelwald,* das Nebelwaldreservat *Santa Elena* und den *Ewigen Wald der Kinder.* Die zentralen Orte sind *Santa Elena* und *Monteverde* selbst, eine Häuseransammlung ohne festen Ortskern, die sich über etwa 7 km entlang der Hauptstraße Ruta 620 südöstlich von Sta. Elena und deren Nebenstraßen erstreckt. Die Siedlung wurde 1951 von amerikanischen Quäkern gegründet, die mit ihrer Auswanderung ins damals schon militärlose Costa Rica ihrer Wehrpflicht in den USA entgehen wollten.

Anreise: Für die 40 km von unserem letzten Ausgangspunkt

Tilarán nach *Santa Elena* müssen Sie auf der sehr kurvenreichen und größtenteils unbefestigten Straße gute 2 Stunden rechnen.

Sofern Sie von der Hauptstadt starten, planen Sie für die 130 km lange Strecke nach *Santa Elena* 4 Stunden ein. Bis Puntarenas kommen Sie in der Regel schnell voran. Folgen Sie der Interamerikana 18 km Richtung Norden und biegen Sie bei *Sardinal* nach *Santa Elena* ab. Für diese letzten 35 km auf zumeist schlechter Piste durch landschaftlich schönes Terrain dürfen Sie gute zwei Stunden veranschlagen.

Das Nebelwaldreservat **Reserva Biológica Bosque Nuboso de Monteverde** (328 Hektar) ist eines der meistbesuchten Naturschutzgebiete Costa Ricas. In der Hochwaldregion haben Forscher schon rund 500 verschiedene Vogel-, 700 Schmetterlings-, 70 Fledermaus-, 130 Säugetier-, 120 Reptilien- & Amphibien- und 3000 Pflanzenarten registriert. Auch der Göttervogel *Quetzal* (Nationalvogel Guatemalas), mit seinem grün schillernden Federkleid, der grellroten Bauchpartie und den auffällig langen Schwanzfedern (bis zu 1 m), lässt sich hier gelegentlich blicken.

Bei häufigen Regenfällen und Durchschnittstemperaturen um die 17 Grad sollten Sie, neben Kamera, Brotzeit und Trinkwasser, auch eine warme Jacke und einen Regenumhang dabei haben. Fernglas und Gummistiefel können Sie am **Parkeingang** gegen Gebühr ausleihen. Dieser befindet sich ca. 3 km westlich der Käsefabrik *(Fábrica de Quesos)*. Das Privatreservat ist täglich von 7–16 Uhr geöffnet. Bei zu großem Andrang wird die Besucherzahl begrenzt und der Park zeitweise geschlossen. Frühaufsteher sind hier zweifellos im Vorteil!

Tropical Science Center (Parkeigentümer), Tel.: 2645-5122, sehr informative Website *www.reservamonteverde.com,* geführte Touren beginnen um 7.30, 11.30 und 13.30 Uhr + ggf. Nachtwanderung um 17.15 Uhr, kosten zusätzlich zum Eintritt eine stattliche Gebühr (siehe Website) und können online gebucht werden. Man sieht mehr als im Alleingang!

Das staatliche Nebelwaldreservat **Reserva Biológica Bosque Nuboso de Santa Elena** (310 Hektar) ist etwas kleiner, aber deutlich weniger überlaufen als das benachbarte Pendant. Die Artenvielfalt ähnelt der des Privatreservats Monteverde. Der Parkeingang befindet sich 7 km nördlich von Santa Elena (sehr schlechte Straße), Tel.: 2645-5390, *www.reservasantaelena.org*, geöffnet tägl. von 7–16 Uhr, geführte Touren nach Voranmeldung (Website), Gummistiefelverleih.

Der **Bosque Eterno de los Niños** schließt im Osten an das Privatreservat Monteverde an. Die Idee zum Kauf des Waldes entstammt einer Gruppe schwedischer Kinder, die 1987 damit begannen, Gelder für den Erhalt des Regenwalds zu sammeln und deren Initiative schnell von Kindern in den USA, England, Deutschland und Japan mitgetragen wurde. Heute ist der »Ewige Wald der Kinder« mit 22 500 Hektar geschütztem Regenwald das größte private Naturreservat in Costa Rica. Besuche sind möglich, aber beschwerlich.

Näheres unter *www.acmcr.org*

Unterkünfte und Highlights

Hotel Roca Verde, am südlichen Ortsausgang von Santa Elena, Ruta 606, 2 km vom Zentrum, gegenüber der Tankstelle, Tel.: 2645-5855, 10 einfache Zimmer Bad, WC, Küche, WiFi, zugleich **Touristeninformation** mit nützlichem, handgemaltem Plan. Gut und günstig! $ – $ $

Hostel Casa Tranquilo, Tel.: 2645-6782, *www.casatranquilo-hostel.com*, Ruta 606, 200 m südlich des Zentrums von Sta. Elena, freundliche Zimmer mit 2–8 Betten, Bad, WC, WiFi, kunterbunt, gemütlich, Tourenangebot. $ – $ $

Treehouse, Tel.: 2645-5751, *www.treehouse.cr*, 5 Zimmer für 2–4 Pers., 1 Zimmer für bis zu 8 Pers., Deckenventilator, Ka-

bel-TV, gutes Café und Restaurant rund um einen riesigen Feigenbaum, mitten im Zentrum von Santa Elena. $$–$$$

Arco Iris Lodge, Tel.: 2645-5067, *www.arcoirislodge.de,* am nördlichen Ende des Ortskerns an der Ruta 606, ökologisch orientierte Lodge mit rustikalen Zimmern für 2–6 Pers., tropischer Garten, Obst- und Gemüsegarten, kleine Kaffeeplantage, Pferdekoppel, deutsche Leitung. $$–$$$

Miramontes Hotel, Tel.: 2645-5152, *www.swisshotelmiramontes.com,* Ruta 606, 2 km nördlich des Zentrums von Sta. Elena, 10 schöne, holzgetäfelte Zimmer und 2 luxuriöse Chalets, tropischer Garten, malerisches Ambiente, einheimische und europäische Küche. Schweizer Leitung. Gutes Preis-Leistungsverhältnis! **Unser Tipp!** $$$

Morpho's Restaurante, Sta. Elena Zentrum, gegenüber des Hotels Tukan, architektonisch auffälliges, blaues Haus mit großem, blauen Schmetterling, Tel.: 2645-7373, *www.morphosrestaurant.com,* sehr leckere, einheimische Küche mit Salaten, Suppen, Casados in allen Variationen (Huhn, Steak, Fisch, Gemüse) und feinen Desserts, moderate Preise. Geöffnet von 12 bis 21 Uhr. Abends Reservierung empfohlen.

Stella's Bakery & Coffee Shop, Ruta 620, in Monteverde, 2,5 km südöstlich vom Zentrum Sta. Elena, Tel.: 2645-5560, *www.stellasbakery.webs.com,* Omeletts, Pancakes, Quiches, Suppen, Sandwiches, Brownies, Cookies, Kuchen, Obstplatte, Shakes, Kaffee, Tee, Brot – alles sehr lecker!

Selvatura Park, 5 km nördlich von Sta. Elena, zwischen Skyadventures (Konkurrenz, auch gut) und Parkeingang zum Sta. Elena Nebelwald (sehr schlechte Straße), Tel.: 2645-5929, *www.selvatura.com,* der Park hat eine Menge zu bieten: Canopy Tour mit Tarzan Swing, 3 km Urwaldwanderpfad über 8 Hängebrücken mit bis zu 170 m Höhe, Schmetterlingsgarten, Kolibri Futterstellen (immer reger Betrieb), Insekten-, Reptilien- und Amphibienausstellung. Sehenswert!

Ein Nasenbär freut sich über die Mülltrennung im Selvatura Park.

Hanging Bridges im Selvatura Park

Käsefabrik *(Fábrica de Quesos/ Cheese Factory)*, Ruta 620, in Monteverde, 3 km südöstlich vom Zentrum Sta. Elena, Tel.: 2645-7090, *www.monteverde-cheesefactory.com.* Mit Gründung der ersten Käserei etablierten die Quäker im Jahre 1953 an dieser Stelle ihre wirtschaftliche Basis. Heute steht hier eine moderne Käsefabrik, die über 20 Käsesorten herstellt und sich über die Grenzen Costa Ricas hinaus einen guten Ruf erworben hat. Kostenpflichtige Führung mit Käseverkostung Mo.–Sa. um 9 und 14 Uhr.

El Trapiche Coffee Tour, Ruta 606, 3,5 km nordöstlich des Zentrums von Sta. Elena, Tel.: 2645-7650, *www.eltrapichetour.com.* In einer zweistündigen Tour sehen und erfahren Sie viel über Anbau und Verarbeitung von **Zuckerrohr, Kaffee** und **Kakao.** Die Touren beginnen um 10 und 15 Uhr.

Anbieter ähnlicher Touren:

Don Juan Coffee Tour
www.donjuancoffeetour.com und
El Cafetal Coffee Tour
www.elcafetaltour.com

Liberia

Für die 35 km von *Santa Elena* über *Sardinal* auf die Interamerikana müssen Sie mit dem Pkw rund 2 Stunden veranschlagen und von dort weitere 2 Stunden für die 100 km gen Norden nach *Liberia.* Genauso lange brauchen Sie, wenn Sie von San José aus starten (220 km auf der gepflegtesten Straße des Landes in 4 Std.).

Liberia, die Provinzhauptstadt *Guanacastes,* ist der heißeste und trockenste Ort des Landes. Die Stadt (55 000 Einwohner) gilt als Zentrum des Rinder- und Pferdehandels und wichtigster Holzumschlags- und -verarbeitungsplatz der Region. Zentraler Verkehrsknotenpunkt ist die Kreuzung der Interamerikana, an der in westlicher Richtung die große Hauptstraße auf die *Halbinsel Nicoya* (Ruta 21), und in östlicher Richtung die *Avenida Central (auch Av. 25 de Julio)* ins Herz der Stadt verläuft. Ab der

Sabanero-Denkmal

Stadtpark von Liberia

Interamerikana 200 m stadteinwärts auf der Av. Central sehen Sie das *Sabanero-Denkmal*, einen reitenden Cowboy, der die Wildwestromantik der Region verkörpert, 400 m weiter liegt links der Stadtpark *Parque Mario Cañas Ruiz* und gleich dahinter die neue Kirche. Nochmals 500 m weiter, am Ende der Av. Central steht die alte Kirche *Ermita de La Agonia*, die heute ein kleines, religiöses Museum beherbergt.

Zweimal im Jahr wird in Liberia ganz groß gefeiert: Ende Februar / Anfang März *(Liberia Fiestas)* und am 25. Juli *(Día de Guanacaste)*, dem Jahrestag, an dem sich die Bewohner Guanacastes 1824 in einem freien Volksentscheid für die Abspaltung von Nicaragua und die Zugehörigkeit zu Costa Rica entschieden.

Zum Feiern in Guanacaste gehören natürlich Folkloremusik, Rodeos und last not least auch Stierkämpfe, die in Costa Rica allerdings ohne Tötung des Stiers verlaufen.

Der zweitgrößte internationale Flughafen Costa Ricas *(Aeropuerto Internacional Daniel Oduber Quirós)* liegt 12 km westlich der Interamerikana auf der Straße nach Nicoya und wird bisher überwiegend von kanadischen und US-amerikanischen Fluggesellschaften angeflogen.

Hotels

Hotel Best Western Las Espuelas, Interamerikana, 2,5 km südlich von Liberia, Tel.: 2666-0144, *www.hotellasespuelas.com,* 45 Zimmer mit Bad, WC, AC, Kabel-TV, Kaffeemaschine, WiFi + 2 behindertengerechte Zimmer, Bar, schöner Pool. $$$

Hotel Boyeros, Interamerikana, Ecke Av. 2, Liberia, Tel.: 2666-0722, *www.hotelboyeros.com,* 67 geräumige Zimmer mit Bad, WC, AC, Kabel-TV, WiFi, Zimmersafe, Balkon und Poolblick, 2 Pools + Whirlpool, gutes 24-Stunden-Restaurant. $$ – $$$ **Unser Tipp!**

Hospedaje Dodero, Av. 11, Ecke Calle 12, 100 m vom Busbahnhof, Mobil: 8729-7524, *www.hospedajedodero.yolasite.com,* 5 einfache, freundliche Zimmer mit Kabel-TV, Ventilator oder AC, Gemeinschaftsbad und Gemeinschaftsküche, Tourenangebot. $

Rincón de la Vieja

Der Nationalpark hat seine Bezeichnung dem gleichnamigen Vulkan (1806 m) zu verdanken. Er befindet sich 25 km nordöstlich von Liberia (Ruta 918) und ist auf einer sehr schlechten Straße mit dem Wagen erreichbar. Wer die Einsamkeit sucht, ist dort am richtigen Platz. Es verirren sich nicht sehr viele Touristen in den Park.

In dem vulkanischen Gebirgsmassiv sehen Sie mehrere Krater, wie z. B. den des *Vulkans Santa Maria* (1916 m), der neben dem *Vulkan Rincón de la Vieja* einen der größten Vulkankegel hat. Bei beiden haben sich im Krater Seen gebildet. Der *Vulkan Rincón de la Vieja* war zuletzt 1998 und 2011 aktiv. Inzwischen dehnen sich jedoch die Weideflächen der Rinder schon wieder bis zum Kraterrand aus.

Wenn Sie das Gebiet am Fuße des Vulkans durchstreifen, können Sie brodelnde Schlammlöcher und eine Vielzahl von Flüssen, Wasserfällen und Schluchten entdecken. Ein Bad in den 42° C heißen Schwefelquellen ist eine Wohltat für die Gesundheit. Das Schwefelwasser soll bei Hautproblemen, Arthrose, Muskelschmerzen, Verspannungen und vielem mehr helfen.

Rinconcito Lodge, 22 km nordöstlich von Liberia, Ruta 918, am Ortseingang von San Jorge, Tel.: 2666-2764, *www.rinconcitolodge.com,* 18 rustikale Zimmer mit Dusche / WC, Hängematten, Restaurant, Bar, Ausflugsangebote zu den Wasserfällen, Schlammbädern und Vulkankratern in der nahen Umgebung, Canopy Tour, Reiten, Transfer von / nach Liberia. $ $

Nationalpark Santa Rosa

Der *Santa Rosa Nationalpark* mit seinen 49 515 Hektar Land ist eines der größten und ältesten Naturschutzgebiete des Landes. Er bedeckt die *Santa Elena Halbinsel,* die in der Nordwestecke Costa Ricas in den Pazifik hineinragt, und erstreckt sich noch ins Hinterland. Der Park wurde nach der *Hacienda Santa Rosa* benannt. Es handelt sich hier um den einzigen geschützten Trockenwaldbereich in Mittelamerika. An den oft schwer zugänglichen Stränden befinden sich die Eiablagegebiete einiger vom Aussterben bedrohter Meeresschildkröten.

Ein Besuch im Santa Rosa Nationalpark ist besonders während der trockenen Saison anzuraten, wenn sich ein großer

Teil der dort heimischen Tierwelt um die verbleibenden Wasserplätze schart und die Bäume ihre Blätter verlieren. In dieser Jahreszeit trifft man natürlich auch mehr Besucher an als in der Regenzeit. Es ist jedoch noch immer ruhiger als in den Nationalparks nahe der Hauptstadt San José. In der Regenzeit haben Sie dieses Refugium oft für sich allein.

Der Eingang zum Reservat befindet sich 37 km nördlich von Liberia auf der Westseite der Interamerikana. Von dort führt eine 7 km lange asphaltierte Straße zur *Hacienda Santa Rosa* mit der Parkverwaltung, einer Lodge für Wissenschaftler (sofern Kapazität vorhanden auch für Touristen), einem Informationszentrum, dem Campingplatz und dem *Historischen Museum La Casona.* Dieses Folklore- und Geschichtsmuseum ist ganz dem Sieg der Costa Ricaner über den Abenteurer *William Walker* im Jahre 1856 gewidmet.

Ab Parkverwaltung führt eine Straße, die am besten mit Vierradantrieb zu befahren ist, zum *Playa Naranjo* (hohe Wellen für gute Surfer) und in die Nähe des *Playa Nancite.* Das letzte Stück bis zu der Stelle, wo die *Bastardschildkröten* im Oktober zu Tausenden ihre Eier ablegen, ist nur zu Fuß (ca. 1 Std.) zu erreichen und bedarf eines Führers und einer Genehmigung.

Die Halbinsel Nicoya

Ein wildromantisches Viehzüchterland erwartet Sie, mit großen Ranchen und mit schlechten, oft unasphaltierten Straßen (abseits der Hauptverbindungsstrecken), die in der Regenzeit manchmal kaum befahrbar sind. Hier begegnet Ihnen der Wilde Westen des 21. Jahrhunderts!

Während der Regenzeit überzieht ein sattes Grün die sonst recht karge Landschaft. Die heute noch entlegenen, menschenarmen Gebiete werden mehr und mehr erschlossen. Stück für Stück asphaltiert man allmählich auch die Nebenstraßen. Genießen Sie diese Idylle also noch heute! Die *Halbinsel Nicoya* bietet Ihnen Dutzende von wunderschönen und einsamen Stränden – die schönsten sind häufig am schwersten zu erreichen.

Sehr nützlich ist die von der deutschen Autorin und Webdesignerin Pia Pfau konzipierte und ständig aktualisierte Website ***www.nicoyapeninsula.com*** mit detaillierten Informationen und Karten zu allen Regionen der Halbinsel.

Wir präsentieren Ihnen landeinwärts die Städte *Nicoya* und

Viehtrieb neben der Hauptstraße

Kirche von Nicoya

Santa Cruz, dann die Nationalparks *Barra Honda,* die Naturreservate *Ostional* und *Cabo Blanco* und eine Auswahl der schönsten Strände am *Pazifischen Ozean* von Nord nach Süd.

Nicoya

N*icoya*, wichtiger Verkehrsknotenpunkt im Zentrum der Halbinsel, ist eine der ältesten Städte Costa Ricas. Ihre Mauern gründen auf ehemaligen Siedlungskomplexen der *Choretegas.* Diese wurden vertrieben und die Spanier befestigten die Siedlung, die bald zum kulturellen Mittelpunkt der Halbinsel wurde.

Die gut erhaltene *Kirche San Blas* am Parque Central stammt aus dem 17. Jahrhundert und verstärkt den kolonialen Eindruck, den die Stadt hinterlässt. Ihre typische Fassade ist immer wieder auf den Titelblättern touristischer Informationsschriften zu finden. Den Park, der sie umgibt, säumen Imbissbuden und kleine Restaurants.

Santa Cruz, Guaitil, San Vicente

S*anta Cruz* ist einer der heißesten Orte des Landes und bekannt für seine farbenfrohen Feste mit einheimischen Speisen und traditionellen Tänzen. Im Januar findet ein großes Rodeo mit Fiesta statt. Außerdem geht's von hier über die Ruta 150 in östlicher Richtung zu den Töpfereien von *Guaitil* (11,5 km) und *San Vicente* (14 km). Sehenswert ist das *Ecomuseo de la Ceramica Chorotega de San Vicente* (Tel.: 2681-1563) im Norden des kleinen Dorfes, das täglich von 10 bis 17.30 Uhr geöffnet hat. Dort können Sie bei der Herstellung der Töpferwaren zusehen und diese ohne Zwischenhandel direkt von den Nachfahren der *Choretega-Indianer* erwerben.

Rodeo bei Santa Cruz

Halbinsel Nicoya

San Rafael de Guatuso
Nuevo Arenal
Lago Arenal
agaces
Tilarán
Cañas
Sta. Elena
rque Nacional Palo Verde
Río Tempisque
Juntas
rque N. rra Honda
Quebrada Honda
Colorado
Torugal
Abangaritos
Sardinal
Pájaros
Miramar
Isla Chira
San Pablo
Punta Morales
Morote
Carmona
Puntarenas
Jicaral
Playa Naranjo
Bojuco
Paquera
Curú
Coyote
aya oyote
Tambor
Ario
Playa Tambor
Cóbano
Montezuma
Playa Carmen
Cabo Blanco Nat. Res.
Cabuya
Malpais
15 km

Nationalpark Barra Honda und Terciopelo-Höhle

Vom Festland kommend führt Sie die Ruta 18 auf der imposanten Hängebrücke *Puente de la Amistad Costa Rica-Taiwan* über die Mündung des *Río Tempisque.*

Ab der Brücke fahren Sie 20 km auf der Ruta 18 in südwestlicher Richtung und biegen 1,5 km vor der Einmündung in die Ruta 21 rechts Richtung *Barra Honda* ab. Sofern Sie aus Nicoya kommen, fahren Sie 14 km in südöstlicher Richtung über die Ruta 21, biegen dann links in die Ruta 18 ab und nach etwa 1,5 km wieder links Richtung *Barra Honda.* Von der Abzweigung (ab Ruta 18) sind es noch gut 7 km zum Parkeingang.

Der *Barra Honda Nationalpark* ist vor allem wegen seines großen Karsthöhlensystems mit unzähligen Stalagmiten (Tropfsteine, die vom Boden nach oben ragen) und Stalaktiten (Tropfsteine, die von der Höhlendecke nach unten hängen) bekannt. Die Höhlen wurden vor etwa 60 Millionen Jahren aus Korallenriffs gebildet.

Von den 42 bisher entdeckten Tropfsteinhöhlen, die nicht miteinander verbunden sind, ist erst knapp die Hälfte erforscht. Die 240 m tiefe *Caverna Sta. Ana* ist die größte. Die von Tausenden von Fledermäusen bewohnte *Pozo Hediondo* macht ihrem Namen (hedor = Gestank) wegen der Tierexkremente alle Ehre.

In der *Caverna Nicoya* hat man Keramik und Knochen aus präkolumbianischer Zeit gefunden.

Als schönste Höhle mit der größten Strukturvielfalt gilt dagegen die 62 m tiefe ***La Terciopelo.*** Sie ist als einzige Höhle für Besucher zugänglich. Die mittelschwere Bergwanderung zur Höhle dauert etwa 1 Stunde, die ganze Tour 3–4 Stunden. Mit festen Wanderschuhen, Trinkwasser und Sonnencreme sind Sie gut gerüstet.

Die Tour (mindestens zwei Teilnehmer) muss von zwei einheimischen Führern begleitet werden. Man steigt zunächst, mit einem Gurtzeug gesichert, eine 17 m lange Leiter in die Tiefe, um dann die ganze Pracht der Höhle zu erforschen.

Der *Cerro Barra Honda* selbst ist ein 423 m hoher Kalksteingipfel. Den höchsten Punkt in diesem Naturschutzgebiet stellt der *Cerro Coralillo* mit 565 m dar, von dem aus man einen guten Ausblick über die gesamte Halbinsel von Nicoya hat.

Der (eintrittspflichtige) Nationalpark ist tägl. von 8–16 Uhr geöffnet. Die letzte Tour geht um 13 Uhr! Tel.: 2659-1551 und 2685-5667

Schildkrötenstrand und Naturpark Playa Ostional

Nördlich von *Playa Nosara* schließt sich *Playa Ostional* an, ein 8 km langer Streifen, nur wenige hundert Meter breit, der zusammen mit der vorgelagerten Meereszone zum Schutzgebiet erklärt wurde.

Die *Playa Ostional* ist der bedeutendste Schildkrötenstrand der Pazifikküste. Tausende Meeresschildkröten kommen innerhalb von drei bis fünf Tagen an Land (sog. *Arribada*) und legen auf einem etwa 800 m langen Strandabschnitt in einer Woche vor Vollmond ihre Eier ab: Die bis zu 2 m langen Lederschildkröten *(Tortuga baula)* zwischen November und April, die kleineren, oliven Bastardschildkröten *(Tortuga lora)* zwischen Juli und Dezember. Jedes Weibchen buddelt zuerst ein 50–60 cm tiefes »Nest« in den Sand, legt in einer anstrengenden Prozedur über Nacht gut 100 golfballgroße Eier hinein, deckt diese mit Sand ab und watschelt zum Meer zurück. Einheimische können Sie zu den besten Plätzen führen, um dieses grandiose Schauspiel der Natur während der Nacht zu beobachten.

Die meisten Eier werden von den Tieren des Urwalds als Delikatesse verspeist. Den Rest brü-

tet die Sonne aus. Nach 45–65 Tagen (je nach Temperatur) schlüpfen die Jungen in den frühen Morgenstunden. Nun beginnt erneut der Wettlauf mit dem Tode. Es gilt das rettende Wasser zu erreichen, bevor die Sonne die Jungtiere austrocknet oder die Geier sie zum Frühstück verspeisen.

Ostional Turtle Lodge, Ruta 160, da wo die Straße auf den Strand trifft, Tel.: 2682-0131, *www.ostionalturtlelodge.com,* 5 saubere Zimmer mit Bad / WC, kleinem Kühlschrank, Kaffeemaschine, Ventilator oder AC, WiFi. Zentrale Lage: Nur wenige hundert Meter vom Naturpark und der Haupteiablage der Schildkröten. Im Angebot: Canopy Tour, Unterricht im Surfen und Stehpaddeln. $$

Naturreservat Cabo Blanco

Das Naturreservat *Cabo Blanco* (Weißes Kap) liegt an der Südspitze der Halbinsel Nicoya nahe der Dörfer *Malpaís* im Westen und *Cabuya* im Osten.

Dieses letzte große, natürliche Trockenwaldgebiet der Halbinsel beherbergt viele Vögel, aber auch Affen, Stachelschweine, Stinktiere und sogar Rotwild. Der Name kommt von der *Isla Cabo Blanco*, einer strahlend weißen, mit Vogelkot (Guano) überzogenen Felskuppe, die 1,5 km vor dem Reservat aus dem Meer ragt.

Der Parkeingang zum Naturreservat *Cabo Blanco* liegt 12 km südlich von *Montezuma* und etwa 4 km südlich von *Cabuya*. Von beiden Dörfern fahren mehrfach täglich Kleinbusse zum Park, der nur von Mi.–So. von 8–16 Uhr geöffnet hat.

Bahia Papagayo und Playas del Coco

Im Nordwesten, an der *Bahia de Papagayo*, haben sich in aller Abgeschiedenheit eine Hand voll Luxushotels niedergelassen, die keine Wünsche offen lassen:

Hilton Papagayo Resort, *www.hiltonpapagayoresort.com,* all inclusive. $$$$$

Four Seasons Resort, *www.fourseasons.com/costarica,* vom Hotelzimmer ab 825 US$ bis zur Villa für 20 000 US$ – pro Nacht! $$$$$$

Papagayo Golf & Country Club, *www.papagayo-golf.com,* exklusiver Club mit erschwinglichen Green Fees, keine Unterkunft!

Playas del Coco, nur wenige Kilometer südlich von Papagayo, ist deutlich bodenständiger. Das ehemals recht ruhige Fischerdörfchen lockt vor allem am Wochenende die Einheimischen aus dem nahen, aber strandlosen Liberia an. Am Strand ist jede Menge geboten: Bootsausflüge, Schwimmen, Tauchen, Beachvolleyball, Surfen und natürlich Feiern! Es gibt zahlreiche Bars, Restaurants, Internetcafés und erschwingliche Unterkünfte, die allerdings an Wochenenden und zu Ferienzeiten oft ausgebucht sind. Kleine Auswahl:

Villa del Sol, Playas del Coco, nordwestliches Strandende, 150 m vom Strand, 1 km zum Zentrum, Tel.: 2670-0085, Mobil: 8301-8848, *www.villadelsol.com,* Hotelzimmer und geschmackvolle Studioapartments. $$$

Hotel La Puerta del Sol, Playas del Coco, 200 m vom Strand, Tel.: 2670-0195, *www.lapuerta-delsolcostarica.com*, 8 geräumige Zimmer mit Bad, WC, Deckenventilator, AC, Kabel-TV, Kühlschrank, Kaffeemaschine, WiFi. Safe. $$$$

Tamarindo

Das ehemalige Fischerdorf *Tamarindo* ist der lebhafteste und touristisch am stärksten erschlossene Ort auf der Halbinsel und lockt mit Surf- und Badestrand, internationaler Küche, Bars, Diskotheken, Surfschulen, Stehpaddeln, Reiten, Kajak, Sportfischen, Tourenangeboten in die umliegenden Naturparks und last not least einer Sprachschule (→ S. 70) mit gutem Ruf und Unterbringungsmöglichkeiten in Gastfamilien.

Trotz der zahlreichen Unterkünfte in allen Preisklassen ist es in der Hauptsaison oft ausgebucht und Vorreservierung ratsam.

Am nördlichen, feinsandigen Strandabschnitt tummeln sich Surfer und Schwimmer (Vorsicht vor gefährlichen Unterströmungen!), während der südliche Strandabschnitt steinig wird und vorwiegend als Anlegeplatz für Privatyachten und Fischerboote dient.

Strand von Tamarindo

Hotel Capitán Suizo, am Südrand von Tamarindo, Tel.: 2653-0075, *www.hotelcapitansuizo.com,* eines der ältesten Luxushotels des Landes mit eigenem Strandabschnitt, tollem Pool, tropischem Garten und Gourmet-Restaurant. $$$$$

Hotel Tamarindo Diria, etwa Ortsmitte / Strandmitte Tamarindo, Tel.: 2653-0031 und 4032-0032, *www.tamarindodiria.com,* 238 voll ausgestattete Zimmer, Strand, 5 Pools, Fitnesscenter, Tennis, 18-Loch-Golfplatz (in der Nähe), Restaurant, Casino, Tourenangebot. $$$$$

Hotel Pasatiempo, vor der südl. Umkehrschleife der Strandstraße 300 m landeinwärts, Tel.: 2653-0096, *www.hotelpasatiempo.com,* große Zimmer in Bungalows, Bad, WC, Deckenventilator + AC, Kabel-TV, WiFi, Swimmingpool, Bar, Tourenangebot: Reiten, Kayak, Bootsfahren, Schnorcheln, Canopy. $$$ – **Tipp!**

Hostel La Botella de Leche, vor der südl. Umkehrschleife der Strandstraße 500 m landeinwärts, Tel.: 2653-2061, Mobil: 8376-5000, *www.labotelladeleche.com,* 12 freundliche Zimmer für 2–8 Personen, Bad, WC, AC, Hängematten, Kaffee & Tee kostenfrei, Gemeinschaftsküche,

Kühlschrank, Kabel-TV, WiFi, 2 PCs, schöner Swimmingpool, Surfunterricht und Tourenangebot. $ – $$ **Tipp: Vorreservieren!**

Nosara

Unter *Playas de Nosara* versteht man genau genommen drei kleinere Strände (von Nord nach Süd): *Playa Nosara,* der südlich der *Playa Ostional* (→ S. 143) anschließt, *Playa Pelada* und *Playa Guiones.*

Die ***Playa Nosara*** selbst ist nahezu unbesiedelt und schwarzsandig. Wegen seiner hohen Wellen lockt dieser Strand zwar vereinzelt Profisurfer an, ist zum Schwimmen jedoch zu gefährlich.

In den Mangrovenwäldern um den *Río Nosara,* der die Playa Nosara von den beiden südlicheren Stränden trennt, können Sie Papageien, Tukane, Affen, Nasenbären, Tapire, Krokodile und andere Urwaldtiere aus nächster Nähe beobachten.

Die ***Playa Pelada*** ist durch ein vorgelagertes Riff vor allzu hohem Wellengang geschützt und gut zum Schwimmen geeignet.

Die ***Playa Guiones*** ist einer der besten Surfspots Costa Ricas! Hier finden Sie die meisten Unterkünfte, Bars, Restaurants, aber auch Bank, Supermarkt, Surfshop, Bioladen und Yogaschule.

Gute Hausmannskost bekommen Sie im **Rancho Tico** (am Flugplatz) und in **Olga's Bar** (an der Playa Pelada).

Lagarta Lodge, am Río Nosara / Playa Pelada, Tel.: 2682-0035, *www.lagarta.com,* 12 Zimmer mit Aussicht, Pool, gutes Restaurant. Die Hotelanlage liegt auf einer felsigen Anhöhe mit grandiosem Panoramablick auf den Río Nosara und die umliegenden Strände. Wanderungen, Pferdeausritte und Bootstouren. Schweizer Leitung. $ $ $ – $ $ $ $ – **Tipp!**

Villa Mango, 500 m von der Playa Pelada, Tel.: 2682-1168, *www.villamangocr.com,* 7 geschmackvoll eingerichtete Zimmer mit Bad, WC, AC oder Ventilator, WiFi, Pool, leckeres Frühstücksbuffet, Tourenangebot. $ $ $

Casa Romantica, an der Playa Guiones, Tel.: 2682-0272, *www.casa-romantica.net,* stilvolle Hotelanlage mit strandnahen Bungalows, Pool, Restaurant, ideal für Surfer, die ihre Welle gleich vor der Haustür haben wollen. $ $ $ $

Sámara

Der kleine Fischerort lockt mit einem 7 km langen, palmenbesäumten, weißen Sandstrand, zahlreichen Cafés, Bars, Restaurants, Diskotheken und Unterkünften. Die Bucht ist durch ein vorgelagertes Riff ge-

Mit 1 PS zur Pulperia

schützt und daher gut zum Schwimmen geeignet. *Sámara* gehört zu beliebtesten Badeorten auf der Halbinsel Nicoya. Eine interaktive Karte, Hotels und nützliche Informationen zu Sámara finden Sie unter *www.samarabeach.com*.

Hotel Belvedere, Ruta 150, 500 m vom Strand, Tel.: 2656-0213, *www.belvederesamara.net,* 2 Apartments und 22 großzügig angelegte Zimmer mit Bad, WC, AC, Kühlschrank, Kaffeemaschine, Safe, Kabel-TV und WiFi. Tropischer Garten, zwei Pools, Meerblick, Wäscheservice, umfassendes Tourenangebot. Deutsche Leitung.
$$$ – **Tipp!**

Flying Crocodile Hotel & Flying Center, 7 km nordöstlich von Sámara über die Ruta 160, Tel.: 2656-8048, *www.flying-crocodile.com,* 10 farbenfrohe und architektonisch raffiniert angelegte Zimmer mit großzügigem Bad, WC, AC, Deckenventilator und Kühlschrank. Tropischer Garten, Pool, Wasserrutsche, gutes Restaurant. Hinter dem Hotel liegt ein kleiner Hangar und eine private Piste. Hier können Sie Rundflüge mit dem *Gyrocopter* buchen

oder gleich selbst den Flugschein machen! Außerdem werden Surf-, Stehpaddel-, Kajak-, Rafting-, Tauch- und Kochkurse sowie Golfen, Reiten, Jet-Ski und Canopy Touren angeboten. Deutsche Leitung. Ein besonderes Hotel, nicht nur für Flugbegeisterte! Gutes Preis-Leistungsverhältnis! $ $ $ – **Tipp!**

Die Südspitze und der Golf von Nicoya

Zu den Highlights des Landes gehören natürlich gerade auch die vielen kleinen Dörfer abseits des Massentourismus, ohne Supermarkt und ohne Internetcafé. ***Malpais*** am Westrand und ***Cabuya*** am Ostrand des *Naturreservats Cabo Blanco* (→ S. 146) sind solche Orte. Hier können Sie im Einklang mit der Natur die Seele baumeln lassen, wandern, schnorcheln, mit den Fischern aufs Meer fahren oder einfach nur in der Hängematte liegen. Die Unterkunftspreise liegen im Bereich der gehobenen Mittelklasse.

Montezuma am *Golf von Nicoya* strahlt noch ein wenig vom alternativen Flair früherer Zeiten aus, lockt mit einem kleinen Sandstrand und mehreren schönen Wanderwegen und Wasserfällen.

13 km nördlich liegt die ***Playa Tambor*** an der kugelrunden *Bahía Ballena* (Walfischbucht). Seit einigen Jahren wurden die Giganten der Meere hier allerdings nicht mehr gesichtet. Die vor Wellen geschützte Bucht mit ihrem grausandigen Strand ist gut zum Baden geeignet.

Weitere 13 km nördlich sind zwei Inseln der *Bahía de Curú* vorgelagert: Die kleinere *Isla Alcatraz* und die größere *Isla Tortuga* (Schildkröteninsel), die wegen ihres Namens gelegentlich mit dem Ort *Tortuguero* an der nördlichen Karibikküste verwechselt wird. Die Inseln, in deren Umgebung sich viele exotische Fischarten (auch riesige Mantas, Barrakudas, Rochen und Haie) tummeln, sind ein beliebtes Ziel für Schnorchler und Taucher. Tagesausflüge werden aus der Hauptstadt San José angeboten, Bootstouren ab den umliegenden Stränden und Puntarenas / Caldera.

Horizontes de Montezuma, Cóbano, von Montezuma 4 km landeinwärts, Tel.: 2642-0534, *www.horizontes-montezuma.com*, 7 hochwertig ausgestattete Zimmer in traumhafter Lage, Bad, WC, Deckenventilator, WiFi, Balkon, Hängematten, Schaukelstühle, Restaurant, Pool, botanischer Garten, **Sprachschule.** Deutsche Leitung. $ $ – $ $ $ – **Tipp!**

Die Pazifikküste und der Süden

An der Pazifikküste reiht sich ein Traumstrand an den anderen, bis hinunter an die panamaische Grenze. Viele sind touristisch kaum erschlossen und bieten keine oder wenig Infrastruktur, oft aber eine kleine, gemütliche Unterkunft. Je südlicher Sie kommen, desto beschaulicher und ruhiger wird das Leben, *tranquilo, tranquilo,* wie der Costa Ricaner sagt. Die Wellen des pazifischen Ozeans lassen Surferherzen höher schlagen. Schwimmer müssen an fast allen Stränden mit Unterströmungen rechnen.

Die letzten 20 Minuten vor Sonnenuntergang sollten Sie am Strand verbringen und das immer wieder faszinierende Naturschauspiel genießen, wenn der große rote Feuerball wie in Zeitlupe am Horizont ins Meer eintaucht.

Provinzhauptstadt Puntarenas aus der Luft

Puntarenas

P*untarenas* ist die Hauptstadt der gleichnamigen und größten Provinz des Landes, die entlang der Pazifikküste bis nach Panama reicht. Die Stadt wurde im 18. Jahrhundert auf einer Landzunge, die sich 7 km in den *Golf von Nicoya* erstreckt, errichtet und erlebte ihre Blüte in der Zeit der großen Kaffeebarone. Am Fischerhafen an der Nordseite der Halbinsel herrscht in den frühen Morgenstunden reges Treiben. An der Nordwestseite legen die Autofähren und an der Nordostseite die Personenfähren ab zur Halbinsel Nicoya (→ S. 138).

Der Freihafen (seit 1847) war wegen seiner ständigen Versandung (*punta arenas* = sandige Landzunge) dem Tiefgang moderner Ozeanriesen nicht mehr gewachsen. So entstand 20 km südöstlich des Orts in den Jahren 1978-82 mit internationaler Hil-

Gefährliche Unterströmungen

An vielen Stränden des Landes (Pazifik- und Karibikküste!) kommt es immer wieder unvermittelt zu gefährlichen Unterströmungen *(engl. Rip Currents, Rip Tides)*. Das Phänomen fordert jährlich zahlreiche Menschenleben, nicht nur in Costa Rica, weltweit, auch in Europa. Ruhig erscheinende Stellen, z.B. zwischen zwei tief gelegenen Sandbänken, können genauso gefährlich sein wie das bewegte Meer.

Hier die wichtigsten Überlebensstrategien:

- Schwimmen Sie nie alleine!
- Kämpfen Sie im Ernstfall nie gegen die Strömung an – die Naturgewalt ist immer stärker und verzehrt nur Ihre Kräfte.
- Machen Sie sich laut schreiend bemerkbar, wenn Sie den Kopf über Wasser bekommen.
- Schwimmen Sie seitlich aus der Strömung raus und in großem Bogen an eine andere Stelle des Strandes zurück.

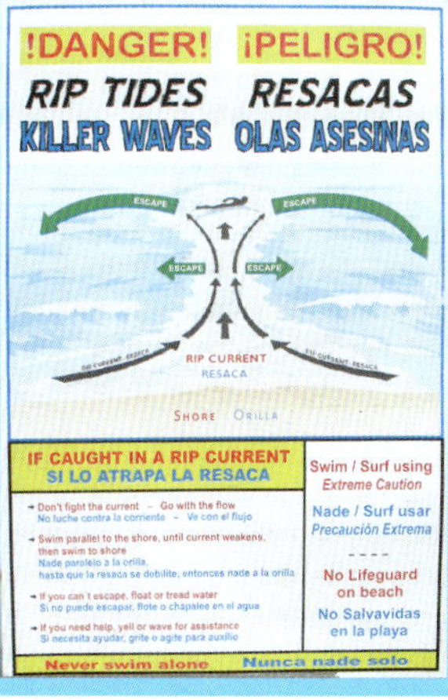

fe der wichtigste Pazifikhafen des Landes, *Puerto Caldera*, wo Frachter und Kreuzfahrtschiffe aus aller Welt anlegen. Außer der imposanten Hafenanlage hat Puerto Caldera allerdings nichts zu bieten.

Jacó

Auf dem Weg nach *Jacó* liegt ein »Pflichthaltepunkt«, den Sie nicht achtlos passieren sollten: 25 km nördlich des Orts (45 km von Puntarenas, 75 km von San José Zentrum) führt eine Brücke über den *Río Tárcoles*. An der Nordseite der Brücke gibt es Parkplätze, Restaurants und Souvenirshops. Hier hält jeder Touristenbus. Der Grund liegt unter der leicht begehbaren Brücke: Hier sonnen sich massenweise Krokodile und lauern auf Beute. Selten können Sie so viele Panzerechsen auf einmal gefahrlos beobachten und natürlich auch fotografieren!

Krokodile lauern am Río Tárcoles.

Von der Brücke aus 3 km Richtung Jacó liegt linker Hand der Eingang zum *Parque Nacional Carara*. Der Park liegt in der Übergangszone zwischen der trockenen und der feuchten Pazifikregion Costa Ricas. Mit 4700 Hektar zählt er zu den kleineren Naturschutzgebieten des Landes, bietet dafür aber eine erstaunlich große Artenvielfalt und drei schöne Urwald-Wanderpfade. Sie sehen Kapok-, Milch- und Kautschukbäume und – mit etwas Glück – auch Nasenbären, Kapuziner- oder Brüllaffen oder den eindrucksvollen Flug eines roten Aras. In den Sumpfgebieten (lange Tour) gibt es auch Krokodile. Festes

Schuhwerk und Moskitospray sind angesagt!

Der Ort *Jacó* mit seinem langgezogenen Sandstrand *Playa de Jacó* oder *Jacó Beach* ist bei Touristen ebenso beliebt wie bei den Ticas und Ticos.

Besonders an den Wochenenden strömen die Josefinos, die Bewohner der Hauptstadt, in Heerscharen an den für sie leicht erreichbaren Strand. Dann werden die Hotelzimmer knapp und die Preise klettern in die Höhe. An der Playa herrscht reges Leben und abends füllen sich die zahlreichen Restaurants, Cafés und Bars entlang der *Avenida Pastor Diaz,* die den Ort von Nord nach Süd durchzieht. Auch in den Nebenstraßen zum Strand finden sich eine Reihe von Feinschmeckerlokalen und ein paar Casinos.

Jacó Beach zählt wegen seiner meist hohen Wellen zu den beliebtesten Surfspots, ist aber aus gleichem Grunde und wegen gefährlicher Unterströmungen nur bedingt zum Schwimmen geeignet.

Strandszenen am Jacó Beach

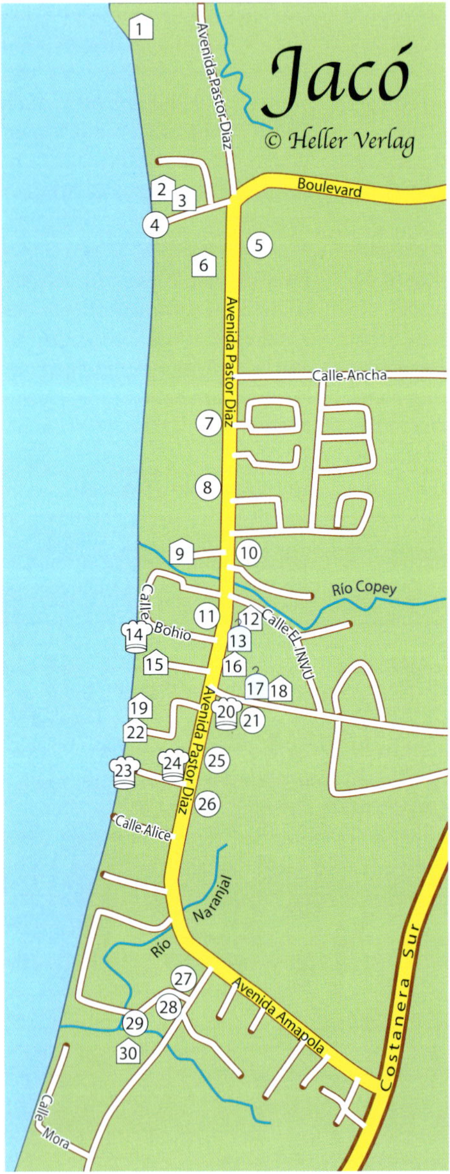

Hotels & Casinos

1 Hotel Pochote Grande
2 Clarita's Hotel & Restaurant
3 Hotel El Jardin
6 Hotel Best Western
9 Hotel Tangerí
12 Morgan's Cove Downtown
15 Apartotel Flamboyant
16 Buddha Boutique Hostel
18 Krystalmax Apartments
19 Hotel Mango Mar
22 Hotel Cocal & Casino
30 Morgan's Cove & Casino

Restaurants & Cafés

14 El Bohío Beach Bar
20 POPS Eisdiele
23 Hicaco Lobster & Seafood
24 Langostas Seafood

Sonstiges

4 Liegestuhlverleih, Zeltplatz
5 Plaza Jacó mit Bank, Busstation, Pizzeria
7 Apotheke
8 Teatro Jacó
10 Pacific Center
11 Tucan Tours
13 Wäscherei LavaMax
17 Lavanderia Jacó
21 Super Compro
25 Supermarkt MasXMenos
26 Rotes Kreuz
27 Postamt
28 Polizei
29 Clinica de Jacó

Unterkünfte (Auswahl)

Hotel Pochote Grande (1), Tel.: 2643-3236, *www.hotelpochotegrande.net,* 24 Zimmer mit Bad, WC, Deckenventilator, AC, Kabel-TV, WiFi, Restaurant, Bar, Pool, direkt am Meer, gepflegte Anlage. Deutsche Leitung. $$$$

Hotel El Jardin (3), Tel.: 2643-3050, *www.hoteleljardin.org,* nettes Strandhotel, kleine Zimmer mit Bad, WC, Deckenventilator, AC, Kabel-TV, WiFi, Restaurant, kleiner Pool. $$$–$$$$

Best Western Jacó Beach Resort (6), Tel.: 2643-1000, *www.bestwesternjacobeach.com,* ordentliches, aber überteuertes All-Inclusive-Hotel am nördlichen Ortsrand. $$$$–$$$$$

Hotel Tangerí (9), Tel.: 2643-3001, *www.hoteltangeri.com,* 40 Zimmer in mehreren Bungalows, alle mit Bad, WC, Deckenventilator, AC, Kabel-TV, WiFi, Safe, Restaurant, großer Pool. $$$$

Morgan's Cove Central Downtown (12), Tel.: 2643-3102, *www.jacobeachcostaricahotel.com,* 18 Bungalows (5–7 Gäste) mit Küche und 11 Zimmer (2–4 Gäste) mit Bad, WC, Deckenventilator, AC, Kaffeemaschine, Safe, Kabel-TV, WiFi, Pool, tropischer Garten. $$$$ – **Tipp!**

Apartotel Flamboyant (15), Tel.: 2643-1732, *www.apartotelflamboyant.com,* 22 großzügige Zimmer mit Bad, WC, Deckenventilator, AC, Kabel-TV, WiFi, Safe, teilweise mit Meerblick, Küche, Kühlschank, Kaffeemaschine, schöner Pool. $$$–$$$$ – **Tipp!**

Schon die Rezeption strahlt Wärme aus: Buddha House Boutique Hostel.

Buddha House Boutique Hostel (16), Tel.: 2643-3615, *www.hostelbuddhahouse.com,* 11 Zimmer in unterschiedlicher Ausstattung (Privatbad / Gemeinschaftsbad, Ventilator / AC) für 1–5 Personen, Kabel-TV, Gemeinschaftsküche, Tourenangebot, farbenfrohe Anlage mit freundlicher Atmosphäre. Vorreservierung empfohlen! $$$ – **Tipp!**

Restaurantempfehlung
Hicaco Lobster & Seafood (23), Tel.: 2643-3226, *www.elhicaco.com,* exzellentes Candlelight Dinner am Strand, sehr romantisch! Reservierung empfohlen!

Tourenanbieter
Tucan Tours (11), Tel.: 2643-4630, u. a. Ausflüge nach Tortuga Island
Tico Travel Adventure, Tel.: 2637-0656, *www.junglecrocodile-safari.com,* Krokodiltouren am Río Tarcoles

Quepos, Manuel Antonio

Auf der 70 km langen, gut ausgebauten Küstenstraße (Ruta 34) von Jacó Richtung **Quepos** passieren Sie ausgedehnte Ölpalmenplantagen (landeinwärts) und finden zu Ihrer Rechten mehrere kleine, touristisch wenig erschlossene Strände.

Der Ort wurde in den 1930er-Jahren von der United Fruit Company als Hafenstadt für den Bananenexport aus dem Boden gestampft. Nachdem in den 1950er-Jahren die Panama-Krankheit über Jahre hinweg einen großen Teil der Ernte vernichtet hatte, wurden als Ersatz afrikanische Ölpalmen gepflanzt. Das Endprodukt beansprucht wesentlich weniger Platz und kann leicht per Lastwagen zu den großen Frachthäfen Caldera (Pazifik) oder Moín (Atlantik) transportiert werden. Heute wird der Hafen von Quepos nur noch von Fischern und Sportseglern genutzt. Die Bewohner des Orts leben vom Fischfang, der Arbeit auf den Ölpalmenplantagen und zunehmend mehr vom Tourismus, zumal die Nähe zum *Manuel Antonio Nationalpark* viele Besucher anzieht.

Palmenplantage aus der Luft

Die Unterkünfte in Quepos sind günstiger als im nur 3 km entfernten Nachbarort Manuel Antonio und das Angebot an Restaurants, Bistros, Bars und Supermärkten ist größer.

Villa Romantica, Quepos, Tel.: 2777-0037, *www.villaromantica.com,* 16 geschmackvoll eingerichtete Zimmer mit Bad, WC, AC, Kabel-TV, WiFi, traumhafte

Anlage, großer Pool, nette Atmosphäre. Deutsche Leitung. Gutes Preis-Leistungsverhältnis!
$$$–$$$$ – **Tipp!**

Hostel Plinio, Quepos, Tel.: 2777-6123, 1,5 km von Quepos Zentrum auf der Hauptstraße Richtung Manuel Antonio, 5 Zimmer und 3 Schlafsäle (5–8 Pers.), Deckenventilator, Gemeinschaftsküche, WiFi, sehr schöne Anlage auf einer Anhöhe mit berauschendem Ausblick, Pool, tropischer Garten, Restaurant, Bar.
$–$$$ – **Tipp!**

Die Ortschaft **Manuel Antonio** beginnt etwa 3 km südlich des Zentrums von Quepos und zieht sich entlang der Ruta 618 und ihren Nebenstraßen bis zum Eingang des gleichnamigen Nationalparks, der nach etwa 6 km (ab Quepos) erreicht wird. Die Straße führt durch eine Hügellandschaft mit reizvollen Ausblicken auf das Meer. Einen Zwischenstopp verdient das *Restaurante El Avión* (Ruta 618), dessen Herz eine alte Fairchild-C-123 bildet. Das Flugzeug der CIA war einer von zwei Waffentransportern, die 1986 die Iran-Contra-Affäre auslösten. Es gelangte über San José zum heutigen Standort. Im Flugzeug werden Longdrinks serviert. Die Küche (12–22 Uhr, Tel.: 2777-3378) ist gut und der Ausblick ein Traum!

Bar & Restaurante El Avión

Der **Manuel Antonio Nationalpark,** der zu den kleinsten, aber auch zu den schönsten und beliebtesten Naturschutzgebieten des Landes gehört, hat von Di.–So. von 8–16 Uhr geöffnet, Tel.: 2777-0644. Am Montag darf sich die Natur erholen. Die Zahl der Besucher, die sich gleichzeitig im Park aufhalten dürfen, ist auf 600 begrenzt.

Tipps vorab:

- Parken Sie auf dem großen Parkplatz am Parkeingang nicht unter Palmen (herabfallende Kokosnüsse!).
- **Füttern Sie keine Tiere** (streng verboten)!
- Meiden Sie die Umgebung von Manzanillo-Bäumen!
- Baden Sie nicht in der Laguna am Parkausgang (Krokodile).

Drei wunderschöne Strände gehören zum Reservat: *Playa Espadilla Sur*, *Playa Manuel Antonio* und *Playa Puerto Escondido*. Der schönste und beliebteste Badestrand ist die *Playa Manuel Antonio*, die wegen ihres weißen San-

Playa Espadilla Sur im Manuel Antonio Nationalpark

Manzanillobaum

Der *Manzanillobaum*, der in allen Küstenregionen Mittelamerikas vorkommt, gedeiht besonders gut an den Stränden des *Manuel Antonio Nationalparks*. Die Früchte der Pflanze aus der Familie der Wolfsmilchgewächse ähneln kleinen Äpfeln (Strandäpfel) und sind, wie der gesamte Baum, **hochgiftig!** Selbst ein durch Regentropfen verdünntes Gift der Borke oder der Frucht kann zu schweren Verätzungen, bei Augenkontakt zur Erblindung führen. Legen Sie sich also nie unter einen Manzanillobaum und berühren Sie die Pflanze nicht!

des auch *Playa Blanca* genannt wird. Obwohl das Wasser nicht immer besonders klar ist, macht es Spaß, am vorgelagerten kleinen Korallenriff zu schnorcheln.

Die *Playa Puerto Escondido*, zu erreichen über einen befestigten Wanderweg und steile Treppen, liegt in einer wildromantischen Felsenbucht, eignet sich jedoch nicht zum Baden.

Im westlichen Teil des Parks sind mehrere Wanderwege angelegt. Der einfachste und kürzeste

ist der Rundgang auf dem *Sendero El Perezoso* um die Landzunge *Punta Catedral*, die die Strände *Espadilla Sur* und *Manuel Antonio (Playa Blanca)* trennt.

Punta Catedral gilt als beliebter Tummelplatz der Kapuzineraffen. Im Park finden sich über 180 verschiedene Vogelarten und zahlreiche Leguane, Faultiere, Nasenbären, Gürteltiere, Brüll-, Kapuziner- und Totenkopfaffen. Landeinwärts, im immergrünen Feuchtwald, sehen Sie Mangroven-, Balsa-, Kapok-, Regen- und Milchbäume. Am Strand wachsen Kokospalmen,

Parkranger

Mandelbäume und der hochgiftige Manzanillobaum. Vor dem Ausgang müssen Sie durch eine kleine Lagune waten, dessen Wasserstand, je nach Jahreszeit und Gezeiten, von knöcheltief bis nabelhoch reichen kann!

Hotel Las Tres Banderas, Manuel Antonio, 2777-1871, *www.hoteltresbanderas.com,* 3 km von Quepos Zentrum auf der Hauptstraße Richtung Manuel Antonio, 9 Zimmer, 7 Apartments, 2 Bungalows, Bad, WC, Deckenventilator, AC, WiFi, Pool, tropischer Garten, gutes Restaurant. $$$$

Boutiquehotel Mango Moon, Manuel Antonio, 2777-5323,

Playa Manuel Antonio

Ausblick vom Parador Resort & Spa

www.mangomoonhotel.com, 10 Zimmer in einer stilvollen Anlage mit Garten, Pool und Ausblick. $$$$ – $$$$$

Parador Resort & Spa, Manuel Antonio, Punta Quepos, 2777-1414, *www.hotelparador.com,* Luxushotel mit allen Annehmlichkeiten, Poollandschaft, herrlichem Ausblick und Gourmetrestaurant. $$$$$

Dominical, San Isidro

50 km südlich von *Manuel Antonio* erreichen Sie **Dominical.** Der kleine Ort und der langgezogene, dunkle Sandstrand *Playa Dominical* sind voll und ganz in der Hand der Surfer. Schwimmen ist hier nicht zu empfehlen.

Ein kleiner Abstecher ins Landesinnere, nach *San Isidro de El General*, bietet sich an. Auf dem Weg über die Ruta 243 erreichen Sie nach 9 Kilometern die Abzweigung zu den eindrucksvollen *Nauyaca-Wasserfällen.* Die letzten 4 km müssen Sie jedoch per pedes oder auf dem Rücken von Pferden zurücklegen. Website: *www.cataratasnauyaca.com*

San Isidro de El General (135 km südlich von San José, 30 km nordöstlich von Dominical) ist vor allem Ausgangspunkt für Exkursionen in einige Privatreservate und den *Nationalpark Chirripó*, in dessen Mitte der höchste Berg Costa Ricas liegt.

Der mehrtägige Aufstieg zum 3818 m hohen *Cerro Chirripó* erfordert allerdings etwas Vorbereitung, gute körperliche Fitness und ist nur mit Genehmigung der Parkverwaltung möglich.

Den **Nationalpark Chirripó** erreichen Sie ab San Isidro über *Rivas* (11km) und *San Gerardo de Rivas* (weitere 9 km), geöffnet von 8–17 Uhr (im Oktober geschlossen!), Tel.: 2771-3155. Dieses Naturschutzgebiet unterscheidet sich alleine schon wegen seiner Höhenlage (zwischen 1300 und 3818 m = Cerro Chirripó) von den anderen Nationalparks. Hier ist warme Kleidung angesagt! Während in den Regionen zwischen 2000 und 3000 m immergrüner Nebelwald bei nasskalter Witterung bis zu 50 m hohe Eichen nährt, verkümmert die Vegetation in höheren Lagen zu niedrigem Páramo-Bewuchs (kleine Bäumchen, Ödland). Der Göttervogel Quetzal ist diesem Park ebenso zu Hause wie Kojoten, Jaguare und Pumas.

Quetzal

Strandrestaurant in Dominical

Paraiso Quetzal Lodge, am Cerro de la Muerte, auf halber Strecke zwischen San Isidro de El General und San José (kurvenreiche Höhenstraße), Tel.: 2200-0241, *www.paraisoquetzal.com.* Die auf 2650 m gelegene Lodge hält, was der Name verspricht: rustikale, geräumige Zimmer mit Bad, WC, Kaffeemaschine, Heizung und toller Aussicht. Tourenangebot mit guter Chance, einen Quetzal zu sehen. $$$–$$$$

Sofern Sie von Dominical über Uvita Richtung Süden fahren, hier noch eine Hotelempfehlung:

Finca Bavaria, 25 km südlich von Dominical, 5 km südlich von Uvita, Mobil: 8355-4465, *www.finca-bavaria.de,* 3 Standardzimmer und 3 Bungalows auf einer Anhöhe mit Meerblick, Dusche, WC, schöne Bambusmöbel, Pool, Garten, Badestrände, Wasserfälle, Höhlen in der näheren Umgebung.
$$$–$$$$

Golfito

Ab San José Richtung Süden, 350 km über die Ruta 34 entlang der Pazifikküste oder 330 km über die kurvenreiche und den 3450 m hohen *Cerro de la Muerte* führende Ruta 2 (Interamerikana) erreichen Sie **Golfito.** Alternativ können Sie auch täglich ab San José mit SANSA oder Nature Air fliegen (→ S. 49).

Der Ort entstand und fiel mit der *United Fruit Company.* Erst im Jahre 1935 gegründet – vorher lebten hier gerade drei Indio-Familien – erlebte Golfito einen kometenhaften Aufstieg, als nahezu die gesamte Bananenproduktion des Landes hierher verlegt wurde, nachdem die meisten Plantagen an der Karibikküste von der Panama-Krankheit infiziert waren. Um so tiefer stürzte die Stadt mit ihren damals 50 000 Einwohnern in Elend und Arbeitslosigkeit, als die United Fruit Company 1985 wegen steigender Zölle, Gewerkschaftsforderungen und dem drohenden Ausbruch einer neuen Bananenkrankheit schlagartig ihren Betrieb einstellte. Die derzeit in der Gegend angebaute afrikanische Ölpalme bringt nur einen Bruchteil der Bananenerträge und beschäftigt nur wenige Menschen. Auch die von der Regierung 1990 im Norden der Stadt eingerichtete Freihandelszone, in der die Einheimischen alle sechs Monate steuergünstig Elektrogeräte und andere Waren im Wert bis zu 1000 US$ einkaufen können, hat die Stadt nicht wirklich belebt.

Straßenzug in Golfito

Golfito (dt.: der kleine Golf) ist heute ein idyllisches Dorf an einer romantischen Bucht, eingesäumt von dicht bewaldeten, sattgrünen Hügeln. In manchen Vierteln scheint die Zeit stehen geblieben zu sein. In der *Zona Americana,* gleich neben dem Flugplatz, zeugen alte Villen von der Hochzeit der United Fruit Company. Viele sind verfallen, einige werden gerade liebevoll restauriert und finden neue Besitzer. Die Stadt erstreckt sich mit sporadischer Besiedelung über einen 10 km langen Küstenstreifen. Die Strecke wird häufig von Sammeltaxis *(Collectivos)* frequentiert. Jede Fahrt im Stadtgebiet kostet pauschal etwa den Gegenwert von 2 US$. Die Hauptstraße verläuft entlang der ehemaligen Eisenbahnlinie. Obwohl die Gleise längst entfernt sind, orientieren sich die Einheimischen heute noch daran und beziffern Adressen anstelle von Hausnummern mit der Entfernungsangabe ab dem ehemaligen Verladehafen = *Kilómetro cero (0).* Von hier ab wird süd-

Kinder in Golfito

Mono-Titi (Totenkopfäffchen) bei Golfito

wärts gezählt. Im Ort finden Sie Post, Bank, Apotheke, Hospital, Supermärkte, zahlreiche Unterkünfte, Bars, Restaurants für jeden Geschmack, Cafés und eine sehr gute Eisdiele.

Golfito ist ein echter ***Geheimtipp*** für alle, die einerseits auf eine gewisse Infrastruktur nicht verzichten und andererseits abseits vom Massentourismus die Seele baumeln lassen wollen. Der Ausgangspunkt ist ideal für Exkursionen an traumhafte Strände, mehrere artenreiche Naturschutzgebiete, Wasserfälle und Flüsse. Dabei bestimmen Sie selbst im tropischen Klima den Grad Ihrer körperlichen Anstrengung. Die Palette reicht von einer relaxten Bootstour über aktives Paddeln unter Mangroven bis zu Dschungeltouren zu den Indios und Goldgräbern. Natürlich können Sie sich, z. B. in der *La Purruja Lodge* einfach nur in eine Hängematte legen und daran erfreuen, wie eine Horde *Mono-Titis* (Totenkopfäffchen), ein paar Leguane und eine Schar exotischer Vögel um Sie herumtanzen.

Website: *www.golfito.info*

Unterkünfte (Auswahl)

La Purruja Lodge, Kilómetro siete (7), 60701 Golfito, Tel.: 2775-5054, *www.purruja.com,* 5 einfache Zimmer mit Bad, WC, Ventilator, WiFi, zelten möglich, schöne Anlage, tropischer Garten, Frischwasserpool, gutes Tourenangebot. Schweizer Leitung. $ – $$ – **Tipp!**

Frischwasserpool mitten im Urwald (La Purruja Lodge)

Hotel Golfito, Kilómetro 2, Golfito, Tel.: 2775-0047, 16 einfache Zimmer mit Bad, WC, AC, TV, 24 Stunden geöffnet, sehr zentral an der Tankstelle auf Hauptstraße, ohne Ambiente, aber sauber, ideal für Reisende, die nachts ankommen und nur eine Schlafpause einlegen wollen. $$

Hotel y Restaurante Mar y Luna, Kilómetro 2, Golfito, Tel.: 2775-0192, *www.marylunagolfito.com,* 15 hübsche Zimmer mit Bad, WC, AC, Kabel-TV, WiFi, romantisches **Gourmetrestaurant** direkt am Meer. $$$

Casa Roland Marina Resort, Zona Americana, Golfito, Tel.: 2775-0180, *www.casarolandgolfito.com,* 53 luxuriöse Zimmer mit Bad, WC, Deckenventilator, AC, Safe, Minibar, Kabel-TV, WiFi. Squash, Fitnessraum, 2 Restaurants, 2 Pools. Gemessen am Luxus, den die Anlage bietet, ist das Preis-Leistungsverhältnis gut! $$$$

Tourenanbieter

www.golfito-tours.com attraktives Angebot, auch deutschsprachig

www.costarica-trip.com Canopy, Wandern, Sportfischen

Strände

Die Gegend um Golfito verfügt über drei nennenswerte Strände:

Playa Cacao, gegenüber der Bootsanlegestelle. Die Überfahrt für ein paar Dollars mit dem Taxiboot (15 Min.) lohnt, schon alleine wegen der leckeren Fischgerichte in Lolas Restaurant. Der Sandstrand in der Bucht lädt zum Baden ein.

Playa Zancudo, per Boot 15 km südlich entlang der Küstenli-

Playa Cacao – das Taxiboot wartet schon.

nie, auf dem Landweg 45 km über teilweise schlechte Straßen. Ruhiger Badestrand mit schwarzem Sand, ein paar Cabinas und Restaurants.

Playa Pavónes, ein paar Kilometer südlich von der Playa Zancudo. Surferparadies mit meterhohen Wellen!

Puerto Jiménez, Dos Brazos

Puerto Jiménez liegt gegenüber von Golfito, auf der anderen Seite des *Golfo Dulce* und ist der größte Ort auf der Halbinsel Osa. Mehrfach täglich pendeln eine Personenfähre (90 Min.) und ein Schnellboot (30 Min.) zwischen den Häfen von Golfito und Puerto Jiménez hin und her. Auf dem Landweg müssen Sie für die 120 km um den Golfo Dulce herum 3 bis 4 Stunden Fahrzeit veranschlagen.

Direkt neben dem Flugplatz von Puerto Jiménez befindet sich kurioserweise der Friedhof mit seinen schneeweißen, stets blumengeschmückten Steinen und ein paar Meter weiter das **Nationalparkbüro** (Tel.: 2770-8222). Hier können Sie die Tickets für den *Corcovado Nationalpark* kaufen, der jedoch – je nach gewähltem Zugang – ein gutes Stück entfernt liegt. Die am nördlichen Landebahnende stationierte Charterfirma ***Alfa Romeo Aero Taxi*** (Tel.: 2735-

Straßenzug in Puerto Jiménez

5178, aerocorcovado@racsa.co.cr) fliegt Sie zu erschwinglichen Preisen nach *Carate* oder *Sirena* (Parkeingang). Den Parkeingang *Dos Brazos* erreichen Sie am besten per Taxi, Bus oder Leihwagen.

Puerto Jiménez hatte seine Blütezeit während des Goldgräber-Booms und lebt heute vor allem vom Fischfang und Tourismus. Auf der kurzen Küstenstraße zwischen Bootsanlegestelle und Flugplatz liegen einige sehr gute Fischrestaurants.

Treffpunkt Restaurante Carolina

Beliebter Touristentreff ist das **Restaurante Carolina** (Tel.: 2735-5185) im Zentrum, das auch Zimmer vermietet.

Dos Brazos de la Tigre

Das 100-Seelen-Dorf *Dos Brazos* mit Kirche, Fußballplatz, zwei Pulperias (Tante-Emma-Läden), einer Soda (Restaurant) und einem Café erreichen Sie, wenn Sie 5 km nordwestlich von Puerto Jiménez von der Ruta 245 landeinwärts abbiegen. Dann sind es nochmals 9 km auf unbefestigter

Goldgräber (Oreros)

Bis 1960 war die Halbinsel Osa völlig unberührt. Dann begann man, an der am besten zugänglichen Südspitze wertvolle Tropenhölzer zu schlagen. 1975 wurden Teile der Halbinsel unter Naturschutz gestellt. Als jedoch kurz darauf ein **kiloschweres Nugget** gefunden wurde, setzte der größte Goldrausch unserer Zeit ein. Über 5000 Oreros aus aller Welt versuchten hier ihr Glück! Minengesellschaften zerstörten den Dschungel mit schwerem Gerät und massivem Einsatz von hochgiftigem Quecksilber zur Bindung der Goldpartikel. 1985 hat die Regierung die Goldsuche im Nationalpark verboten und die Oreros wahlweise mit Geld oder fruchtbarem Weideland am Rande des Parks abgefunden. Das Goldwaschen an den Randgebieten des Nationalparks, z.B. am *Río Tigre* bei *Doz Brazos* oder am *Río Carate* am gleichnamigen Ort ist erlaubt, aber bringt hier nur eine bescheidene Ausbeute. Die wenigen Goldsucher dort zeigen Ihnen, wie mühevoll sie ihr karges Brot verdienen und lassen Sie gerne auch mal die Pfanne schwenken. Reich können Sie dabei nicht werden, aber zumindest einen Hauch Goldgräberromantik erleben!
Beste Anlaufpunkte: *La Puruja Lodge* / Golfito (Besitzer ist Ex-Orero) und *Los Mineros Guest House* / Dos Brazos.

Piste. Genau heißt der Ort *Dos Brazos del Río Tigre,* übersetzt »zwei Arme des Flusses Tigre«, was die Lage an der Flussgabelung des Río Tigre beschreibt.

Der Weg am Dorfausgang wurde erst 2014 zum offiziellen *Corcovado Nationalpark*-Ostzugang *(El Tigre)* erklärt, was sicherlich den Tourismus in der Region anschwellen lässt. Einige hundert Meter hinter dem Ort gibt es einen kleinen Wasserfall mit einem großen Auffangbecken, in dem Sie in kristallklarem Wasser Abkühlung finden.

Los Mineros Guest House, Dos Brazos del Río Tigre, Mobil: 8721-8087, *www.losminerosguesthouse.com,* 4 Zimmer und 5 schöne Bambushütten mit Bad,

In der Pulperia von Dos Brazos wird das Gold gewogen und gehandelt.

WC und Moskitonetzen. Gutes Tourenangebot! Die wildromantische Anlage unter deutsch-französischer Leitung hat Geschichte: Zu Zeiten des großen Goldbooms war das Hotel Kneipe, Bordell und Gefängnis zugleich! $ – $ $ – **Tipp!**

Nationalparks Corcovado und Piedras Blancas

Der 52 000 Hektar große **Corcovado Nationalpark** auf der *Halbinsel Osa* ist der artenreichste des Landes. Hier finden Sie über 500 verschiedene Baumarten, darunter so seltene Gewächse wie den *Ojoche*, den *Espavel*, die *Yolillo-Palme* und den *Mastate* (Milchbaum). Der Park beherbergt rund 7000 Insektenarten (darunter 150 Schmetterlingsarten), 160 Säugetier-, 120 Reptilien- und 375 Vogelarten! Ameisenbär, Boa constrictor, Brüll- und Kapuzineraffe, Jaguar, Puma, Tapir und Tukan leben hier im Einklang mit der Natur und deren Gesetzen.

Zugang zum Corcovado Nationalpark finden Sie im Norden über *San Pedrillo* und *Los Planes,* im Osten über *Los Patos* und *Dos Brazos (El Tigre),* im Süden über *La Leona* und im Westen bei *Sirena.* Die mehrtägigen Touren durch den tiefen Dschungel setzen gute körperliche Fitness voraus und sind vor allem für Forscher, Abenteurer und erfahrene Individualtouristen geeignet. Für die 17 km lange Strecke zwischen *Sirena* und *Los Patos* (Wanderzeit ca. 10 Stunden) ist die Mitnahme eines einheimischen Führers vorgeschrieben, der natürlich auch bezahlt werden muss. Der Anschluss an eine Gruppe ist empfehlenswert. Auskunft über die aktuelle Begehbarkeit des Parks und Übernachtungsmöglichkeiten erhalten Sie bei der Parkverwaltung am Flughafen in Puerto Jiménez und unter Tel.: 2770-8222 oder 2735-5036.

Eine gute Alternative zum Corcovado Nationalpark ist der weniger bekannte, kleinere

Aus der Luft scheint der Dschungel des Corcovado undurchdringlich.

Nationalpark Piedras Blancas (früher oft Corcovado II genannt), nur wenige Kilometer nordwestlich von Golfito, Parkzugang am Ort *La Gamba*. Die Artenvielfalt des Parks ähnelt der seines großen Bruders. Der Österreicher Michael Schnitzler hat mit seinem engagierten Projekt *»Regenwald der Österreicher«* (siehe *www.regenwald.at*) den Ankauf umliegender Regenwaldflächen und deren Integration in den Nationalpark bewirkt. Die Aktion zur Rettung des Regenwalds läuft weiter, Teil des Projekts ist eine interessante Öko-Lodge:

Esquinas Rainforest Lodge, La Gamba, Golfito, Tel.: 2741-8001, *www.esquinaslodge.com/de,* 14 Zimmer mit Bad, WC, Deckenventilator, Fliegengitter, Bar, Restaurant, Frischwasserpool, Naturlehrpfad, umfassendes Tourenangebot. Nur Vollpension (3 Mahlzeiten).
$$$ – $$$$ – **Tipp!**

Isla del Caño

Knapp 20 km östlich der *Bahía Drake* (engl. *Drake Bay,* benannt nach dem engl. Seefahrer Sir Francis Drake, der an der Bucht ankerte), befindet sich die *Isla del Caño*. Die 300 Hektar große Insel bietet neben ein paar Kriechtieren und wenigen Vogelarten drei Besonderheiten:

1. Das Terrain diente vor über 1000 Jahren mehreren *Brunca*-Generationen als riesiger Friedhof. Die von zwei Wächtern bewohnte Insel ist übersät mit Knochenstückchen und Ton-

scherben. Oft sieht man hier die rätselhaften **Steinkugeln** aus präkolumbischer Zeit (*Esferas de piedras*), über deren Herkunft und Sinn bis heute noch gerätselt wird. Die Kugeln haben einen Durchmesser von 2 bis 5 Metern und wiegen bis zu 10 Tonnen. Das Gabbro-Gestein, aus dem sie geformt wurden, kommt auf der Insel nicht vor.

2. Auf der Isla del Caño wächst vorwiegend der exotische, bis zu 50 m hohe **Milchbaum** (lat.: *Brosimum utile*, span.: *arbol lechoso* oder *baco* oder *mastate*). Seine Blattstängel sondern eine weiße, trinkbare Milch ab, der heilsame Kräfte bei Magen- und Hautleiden nachgesagt werden. Man erkennt den Baum auch an seinen weitverzweigten, roten Wurzeln.

3. Die Insel gilt als Eldorado für Taucher und Fischer, die ihresgleichen sucht: Bis zu 15 Meter hohe **Korallentürme** werden von glasklarem Wasser umspült, in dem sich Hunderte von buntschillernden Meeresfischen tummeln. Allerdings gibt's auch Haie, die jedoch in dem überaus fischreichen Gewässer immer gut genährt und selten hungrig auf Menschenfleisch sind.

Isla del Coco

Einen Sonderstatus hat das gerade 24 Quadratkilometer große, unbewohnte Eiland, das circa 266 Seemeilen (494 km) vom Festland entfernt im Pazifik liegt.

Die gesamte Insel wurde 1978 von der Regierung zum Naturschutzgebiet erklärt. Man findet hier sogenannte endemische Spezies, das heißt Arten, die nirgendwo anders vorkommen und teilweise biologisch gar nicht zuzuordnen sind. Bevor die Insel Naturschutzgebiet wurde, haben zahlreiche Schatzsucher auf ihr gelebt und vor allem durch Sprengungen erhebliche Verwüstungen angerichtet.

Seit Jahrhunderten geht die Sage um, dass Seeräuber hier ihre Gold- und Silberschätze versteckt haben. Insbesondere der legendäre »Lima-Schatz« soll auf der Isla del Coco verborgen sein. In Perus Unabhängigkeitskriegen gegen Spanien vertrauten Adel und Klerus dem Briten *Thompson* ihr Gold und ihre Juwelen an. Dieser sollte sie an einem sicheren Ort verstecken, verschwand jedoch damit auf Nimmerwiedersehen. Es wurde später vermutet, dass er den Schatz auf das kleine, vergessene Inselchen im Pazifik gebracht hat. Die Kokos-Insel diente auch bei Stevensons berühmtem Roman »*Die Schatzinsel*« als Vorlage. Wegen ihrer reichen Süßwasservorkommen und ihrer Unzugänglichkeit wurde sie schon vor Jahrhunderten von vorbeifahrenden Seeleuten und Piraten gleichermaßen geschätzt. *William Dampier* und *Lionel Wafer* waren zwei der bekanntesten Seeräuber. Heute tragen zwei Buchten auf der Insel ihre Namen.

Viele Schatzsucher sind gekommen und erfolglos – zumindest in materieller Hinsicht – wieder gegangen. Aber bis in unser Jahrhundert hinein kamen sie im Glauben, die einzig richtige Karte zu besitzen, auf der der Weg zum Schatz verzeichnet ist. 1894 wurde eine Handvoll Siedler unter der Führung des deutschen Abenteurers *August Gissler* auf der Insel zurückgelassen. Auch ihnen ging es in erster Linie um Gold und Silber. Gissler wurde sogar zum Generalgouverneur des Eilandes ernannt. 1908 verließ er es ebenfalls, ohne den erhofften Schatz gefunden zu haben.

Der Reichtum der Isla del Coco besteht aus Natur im Urzustand: immergrüner Regenwald, zahlreiche Schluchten und Wasserfälle, herrliche Buchten (vorwiegend auf der Nord-Seite) und vor der Küste ein Unterwasserleben, das schon so bekannte Meeresforscher wie *Hans Hass* und *Jacques und Philippe Cousteau* angezogen hat.

Ein Besuch auf der Insel muss auf 12 Tage begrenzt sein und es dürfen sich nicht mehr als 60 Personen gleichzeitig auf ihr aufhalten. Sie ist ausschließlich auf dem Seeweg zu erreichen. Die Überfahrt dauert, je nach Seegang, zwischen 30 und 36 Stunden.

Tourenanbieter
Wirodive Tauch- und Erlebnisreisen *www.wirodive.de/cocos-tauchsafaris.php*
Okeanos Aggressor
www.aggressor.com/cocos.php
MV Seahunter
www.underseahunter.com

Literaturempfehlung
Das Geheimnis der Schatzinsel, Ina Knobloch, ISBN 978-3866480971

Die Karibikküste

Auf dem Weg aus dem Landesinneren nach *Limón* passieren Sie *Siquirres,* einen wenig einladenden Ort mit einer Tankstelle, umringt von Bananenplantagen. In großen Wellblechhallen werden die krummen Dinger sortiert, gewaschen, gewogen und verpackt. Interessant ist auch das Schlagen und der Transport der Bananenstauden. Auf manchen Plantagen dürfen Sie bei der Ernte und Verarbeitung zusehen. Ab *Siquirres* müssen Sie noch etwa eine Stunde nach *Limón* rechnen.

An der **Karibikküste** ist vieles anders als im restlichen Costa Rica. Die vorwiegend schwarze Bevölkerung – Nachfahren der um die Jahrhundertwende aus Jamaika ins Land geholten Plantagenarbeiter und Eisenbahnbauer – hat sich bis heute eine eigene Kultur und Sprache bewahrt. Das nahezu grammatiklose Karibik-Englisch ist auch mit geringer Kenntnis dieser Sprache leicht zu verstehen: *»Bus come five«* heißt »der Bus geht um 5 Uhr«. Einige Phrasen unterscheiden sich allerdings

Bananenplantage bei Siquirres

vom herkömmlichen Englisch: »*What happen?*« oder »*Hey man!*« sagt man zur Begrüßung und »*Okay*« zum Abschied.

Von frühmorgens bis spätabends dringt Calypso- und Reggae-Musik aus den kunterbunten Hütten und die Körper der Einheimischen wippen im Rhythmus dazu. Die Menschen sind hier ärmer als im übrigen Land und doch erscheinen sie oft entspannter, als ihre »reichen«, von Alltagshektik und Zivilisationsstress geplagten, hellhäutigen Besucher. Allerdings bringt die hohe Arbeitslosigkeit und Armut auch Alkoholismus, Drogensucht, Prostitution und eine wesentlich höhere **Kriminalitätsrate** als im Rest des Landes mit sich.

Das Klima ist an der Karibikküste das ganze Jahr über tropisch heiß und feucht. Hier finden Sie nicht nur dichten Urwald, tiefblaues Meer und wunderbare Korallenriffe, sondern auch Moskitos, Leguane, Warane, Schlangen, Haie und Krokodile, letztere vorwiegend nördlich von Limón.

Limón

Die Hauptstadt der gleichnamigen Provinz heißt genau genommen *Puerto Limón* und hat rund 100 000 Einwohner. Der Ort ist Ausgangspunkt für Exkursionen nach Nord und Süd, aber selbst touristisch nicht sonderlich attraktiv. Es lohnt sich allenfalls, den Stadtpark *Parque Vargas* in der Av. 1, Ecke Calle 1 und den Markt in der Av. 3, Ecke Calle 3 zu besichtigen.

Einen Höhepunkt erlebt Limón jedes Jahr am 12. Oktober, dem *Día de Colón* oder auch *Día de la Raza*. Am Jahrestag der Landung von Christoph Kolumbus im Jahre 1502 und in den darauffolgenden Tagen feiert man ausgelassen Karneval, und die wenigen Hotels in der Stadt und im Umkreis sind doppelt so teuer und meist ausgebucht. Alkoholismus und Straßenkriminalität sind – auch ohne Karneval – ein Problem in der Stadt. Es

Limón

ist zu empfehlen, bei Einbruch der Dunkelheit im Hotel zu bleiben oder Limón gleich zu umgehen und wenige km nördlich auf der Straße nach Moín / Portere eine Unterkunft zu wählen.

Das Erdbeben vom 22. April 1991 hat die Stadt schwer getroffen (Stärke 7,4 gem. Richter-Skala, 80 Tote, Hunderte von Verletzten). Dabei wurde das Korallenriff vor der Küste fast 2 m aus dem Meer gehoben und der Hafen für Ozeanriesen unzugänglich. Auch die wenigen Badestrände der nahen Umgebung wurden zerstört.

Moín, 7 km westlich von Limón, ist der größte Seehafen des Landes und ein Ausgangspunkt für Exkursionen an der nördlichen Karibikküste.

Nördliche Karibikküste

L*os Canales* nennen die Einheimischen die Aneinanderreihung zahlreicher, vorwiegend künstlich angelegter Wasserwege zu einem 110 km langen Kanal, der alle Flussmündungen des nördlichen Karibikabschnitts miteinander verbindet und parallel zur Küstenlinie von Moín bis kurz vor die nicaraguanische Grenze reicht. Sinn des Kanalbaus war es, für die Bewohner dieser Region einen Transportweg zu schaffen, der schneller und sicherer als die rauhe See war, aber einfacher realisiert werden konnte, als ein Straßenbau durch die Sümpfe des dichten Dschungelgebiets.

An der nördlichen Karibikküste ersetzt der Kanal die Straße.

Die Kanalfahrt ist ein Hochgenuss für jeden Naturfreund und lässt das Herz der Fotografen höher schlagen: Königspalmen, Mangroven und Helikonien säumen das Ufer. Brüllaffen turnen geschickt von Ast zu Ast und folgen mit lautem Geschrei jedem Boot. Reiher, Papageien und Tukane thronen erhaben auf den Baumwipfeln oder flattern zusammen mit Heerscharen bunter Schmetterlinge über ihr Reich. Riesenschlangen und Faultiere hängen träge in den Ästen. Krokodile, Warane und Schildkröten suchen Schatten am Flussrand. Zwischendurch – man traut seinen Augen nicht – grasen Schwarzbunte Milchrinder und einheimische Zebus auf schmalen Inselstreifen im tiefsten Hinterland. Die Tiere wurden unter größten Anstrengungen auf Flussfrachtern aus dem Landesinneren hierher gebracht und dienen neben den zahlreichen Hängebauchschweinen ausschließlich zur Eigenversorgung der Dschungelbewohner.

Die Mitnahme eines Regenumhangs und eines wasserdichten Beutels ist ratsam. Die gleißende Sonne führt hier zu rascher Quellwolkenbildung und man kann richtig zusehen, wie sich die einst weißen Wolken im Laufe des Nachmittags zu einer immer schwärzer werdenden, gewaltigen Gewitterfront vereinen, die sich sodann in wolkenbruchartigen Ergüssen entlädt.

Neben zahlreichen, sporadisch verteilten Stelzenhäusern gibt es nur drei namhafte Siedlungen im Kanalbereich: *Parismina*, *Tortuguero* und *Barra del Colorado*. Ein motorisiertes Schnellboot (2–6 Personen) benötigt, vorausgesetzt der Kapitän fährt ständig Vollgas, von *Moín* nach *Parismina* etwa 90 Minuten, nach *Tortuguero* nochmals 60 Minuten und weitere 45 Minuten bis *Barra del Colorado*. Größere Flussdampfer brauchen für jeden Teilabschnitt 20–30 Minuten länger.

Wenn Sie sich in Moín frühmorgens selbst ein Boot organisieren, so zahlen Sie mehrere hundert Dollar, sofern Sie nicht noch Reisende finden, mit denen Sie Boot und Preis teilen können. Deutlich billiger ist der Anschluss an eine organisierte Tour.

Parismina

Kirche, Schule und der Fußballplatz bilden das Zentrum des idyllischen 400-Seelen-Dorfes zwischen Kanal und Strand. Zudem verfügt die Siedlung über eine Pulperia, ein paar Restaurants, Supermarkt und sogar eine holprige Betonpiste, auf der nur geübte Buschpiloten ihr Glück versuchen sollten. Eine alte Hexenmeisterin (Witch doc-

Hütte bei Parismina

tor) versorgt im Notfall fachmännisch Moskitostich und Schlangenbiss. In der lauten, geräumigen Disco schwingen abends die vorwiegend schwarzen Dorfschönheiten das Tanzbein.

Es gibt eine Hand voll einfache Cabinas und drei teure, luxuriöse Sportfischer-Lodges. Infos unter *www.parismina.com.*

Tortuguero

Das Dorf liegt ca. 75 km nördlich von Moín und ist nur auf dem Wasser- oder Luftweg (ab San José) zu erreichen. Eine gute Alternative zu den teuren Booten in Moín ist die Einschiffung in *La Pavona,* erreichbar über die Ruta 32 bis *Guápiles,* dort in nördlicher Richtung über *Cariari* nach *La Pavona* (ab Guápiles 45 km, ca. 1,5 Stunden). Die Fahrt auf dem *Río Tortugero* ist deutlich kürzer und preisgünstiger, als der Weg über den Kanal entlang der Küste. Der Artenreichtum an den Flussufern ist aber mindestens genauso aufregend. *Tortugero* wird mehrmals pro Woche von Nature Air angeflogen.

Der heiße, dunkle Sandstrand lädt nur bedingt zum Schwimmen ein. Die krokodilreichen Lagunen sollten Sie unbedingt meiden und im offenen Meer wimmelt es von Haien. Tortuguero besucht man also nicht zum Baden, sondern aus ganz anderen Beweggründen:

Schildkröte bei Tortuguero

- Die **grünen Meeresschildkröten *(tortuga verde)*** legen von Juli-November an den Stränden des *Tortuguero Nationalparks* (südlich des gleichnamigen Orts) zu Zehntausenden ihre Eier ab. Auch Leder-, Karett- und Bastardschildkröten (letztere von Februar-Juni) nisten hier. Um die Tiere bei ihrer anstrengenden Tätigkeit nicht zu stören, sollten Sie den Anweisungen der Parkverwaltung folgen und sich nach Möglichkeit einer Führung anschließen. In Tortuguero gibt es eine eigene Forschungsstation für Meeresschildkröten. Website: *www.conserveturtles.org*
- Eine **Bootsfahrt durch die Kanäle** mit Tierbeobachtung bei Tag (Vögel, Schmetterlinge, Affen, Faultiere) und Nacht (Krokodile) gehört zum Pflichtprogramm für Tortuguero-Besucher.
- Der **Cerro Tortuguero**, mit nur 119 m über dem Meeresspiegel die höchste Erhebung zwischen der nicaraguanischen Grenze und Limón, ermöglicht eine nette Aussicht. Obwohl der Hügel nicht hoch ist, fordert der matschige Weg unter tropischer Sonne und Moskito-Begleitung eine gewisse Kondition.

Unterkünfte finden Sie auf der Website *www.tortuguerovillage.com/accommodations.htm*
Unser Tipp:
Miss Junie Hotel, am nördlichen Ortsrand, Tel.: 2231-6803, *www.iguanaverdetours.com,* 11 rustikale Zimmer mit Bad, WC, Deckenventilator, Safe, WiFi, Restaurant, gutes Tourenangebot. $$$–$$$$

Barra del Colorado

Das Dorf liegt 30 Kilometer nördlich von Tortuguero und überbietet mit über 5000 mm durchschnittlichem Jahresniederschlag alle anderen Orte der Karibikküste. Bei so viel Regen wächst und gedeiht natürlich auch der Dschungel mit seiner vielfältigen Flora und Fauna über alle Maßen. Knappe 10 km nordwestlich des Ortes verläuft der *Río San Juan* als natürliche Grenze zum Nachbarstaat Nicaragua. Einen legalen Grenzübergang gibt es jedoch nicht. *Barra del Colorado* zieht leider nicht nur Naturfreunde, sondern auch zahlungskräftige Sportfischer an, die in dem fischreichen Gewässer einen Rekord nach dem anderen aufstellen.

Wegweiser auf dem Kanal

Südliche Karibikküste

Nun geht's ab *Limón* über die Ruta 36 gen Süden: Sie passieren den Flugplatz von *Limón,* überqueren den *Río Banano* und erreichen kurz darauf das Dorf *Bananito Sur.* Am Rande des Privatreservats Selva Bananito liegt eine gerne besuchte Öko-Lodge:

Selva Bananito Lodge, 15 km landeinwärts ab Bananito Sur (ausgeschildert), Tel.: 2253-8118, Mobil: 8386-1005, *www.selvabananito-lodge.de,* vorbildlich ökologisch geführte Lodge unter deutscher Leitung, 11 gemütliche Bungalows auf einer Anhöhe, Warmwasser-Solaranlage, Helikoniengarten, Hängematten, Reiten, Radfahren, Baumklettern, Wasserfälle, interessantes Tourenangebot, nur Vollpension (auch Pakete mit Transfer ab San José). $$$$

Wollen Sie miterleben, wie die wohlbekannten Markenbananen

der Fruchtzuchtgiganten von der Staude in die vertrauten Kistchen kommen? Dann fahren Sie weiter der Küste entlang Richtung Süden. Gleich nach der Brücke über den *Río Estrella* liegt rechts eine »Bananenfabrik«, wo Sie zusehen können, wie die grünen Früchte gewaschen, gewogen und verpackt werden. Weitere Bananenfabriken finden Sie bei *Pandora,* 10 km landeinwärts ab *Penhurst*.

Cahuita

Gerade 10 km südöstlich von Penhurst und eine knappe Stunde (45 km) von Limón entfernt erreichen Sie *Cahuita*. Das landschaftlich äußerst reizvolle Gebiet gliedert sich in drei Zonen:

1. Die *Playa Negra* im Norden des Städtchens, einen schwarzen Sandstrand, dessen Färbung sich durch kohlehaltiges Gestein im Norden der Region erklärt, gemischt mit ein paar Felsen.

2. Den Ort *Cahuita* selbst, der etwa 200 m ins Meer hinausragt. Diese leichte Felsenausbuchtung reicht hier schon aus, um den schwarzen vom südöstlich des Ortes beginnenden weißen Bilderbuchstrand *Playa Blanca* zu trennen.

3. Den im Süden anschließenden *Cahuita Nationalpark*, eine spitze Landzunge, die 2,5 km in

die See hinausragt und auch noch die vorgelagerten Korallenriffe einschließt. Der nördlichste Punkt *(= punt***o***)* dieser Landzunge *(= punt***a***)* trägt den Namen *Punto Cahuita*, der südlichste heißt *Punto Vargas* und der anschließende Strand *Playa Vargas*.

Zwischen dem Parkeingang im Süden von Cahuita und Punto Vargas verläuft ein schöner, 8 km langer Wanderweg um die Landzunge *Punta Cahuita*. Es lohnt sich, vorher im Dorf für ein paar Dollar eine Schnorchelausrüstung zu leihen. So können Sie am vorgelagerten Korallenriff – dem größten des Landes – beobachten, wie sich die buntschillernden, exotischen Meeresfischchen in Scharen durch die oft meterhohen Riffkanäle schlängeln.

Obwohl die See tiefblau und das Wasser klar ist, trügt der Schein: Die Korallenriffe beginnen seit Jahren zu verfallen. Der Grund dafür liegt in erster Linie in der starken chemischen Behandlung der Bananen, die wir sonst nie so makellos und billig in unsere heimischen Supermärkte bekämen. Die Pestizide werden durch die Flüsse ins Meer geschwemmt und die sensiblen Korallenriffe reagieren darauf, lange bevor der Mensch mit seinen Sinnesorganen eine Verunreinigung wahrnimmt.

Cafeteria in Cahuita und Obststand am Strand von Cahuita

Cahuita ist touristisch sehr gut erschlossen und verfügt über Supermarkt, Tourenanbieter, Polizeistation (erwarten Sie nicht zu viel!) und jede Menge Restaurants, Bars und Unterkünfte. Die meisten finden Sie unter *www.cahuita.cr*

Unterkünfte (Auswahl)

Cabinas Iguana, Playa Negra, Cahuita, Tel.: 2755-0005, Mobil: 8355-1326, *www.cabinas-iguana.com,* 6 rustikale Bungalows mit Bad, WC, Deckenventilator, TV, WiFi, Kühlschrank und

Hängematten. Schöner Pool, tropischer Garten, Wäscheservice. Schweizer Leitung.
$$$ – **Tipp!**

Alby Lodge, am Nationalparkeingang Cahuita, Tel.: 2755-0031, *www.albylodge.com,* 4 hübsche, gepflegte Holzhäuschen (bis 4 Pers.) mit Bad, WC, Deckenventilator, WiFi, Hängematten, Betten mit Federkernmatratzen, tropischer Garten. Deutsch-österreichische Leitung. $$$

Hotel La Diosa, direkt am Meer, Cahuita, Tel.: 2755-0055, *www.hotelladiosa.net,* großzügig angelegte Zimmer und Bungalows mit Bad, WC, AC, WiFi und Whirlpool im Zimmer! Schöner Pool, tropischer Garten. Schweizer Leitung.
$$$ – $$$$ – **Tipp!**

Diebe, Räuber und andere Kriminelle finden die besten Arbeitsbedingungen immer da, wo die fetteste Beute herumläuft. Mangelnde Alternativen, anständig Geld zu verdienen, Alkohol und Drogen leisten ihren Beitrag. Kein Wunder also, dass *Cahuita* und *Puerto Viejo de Talamanca* eine weit überdurchschnittliche **Kriminalitätsquote** aufweisen. Behalten Sie Ihre Wertsachen immer im Auge und halten Sie sich von Drogen fern!

Puerto Viejo de Talamanca

In südöstlicher Richtung, immer dem Meer entlang, erreichen Sie nach 16 km Puerto Viejo, genauer gesagt *Puerto Viejo de Talamanca*, nicht zu verwechseln mit dem gleichnamigen Ort am Río Sarapiquí.

Wie Cahuita ragt auch Puerto Viejo auf einer kleinen Felsausbuchtung ins Meer hinaus und auch hier wiederholt sich das Phänomen mit dem schwarzen und weißen Strand: Westlich des Ortes liegt die *Playa Negra,* mit feinem, kohlestaub-durchsetztem Sand, und östlich des Ortes schließt sich die *Playa Blanca*, ein schneeweißer Strand aus weichem Muschelkalksand, an.

Das idyllisch gelegene Dorf ist längst nicht mehr so verschlafen, wie es in manch älteren Reiseführern dargestellt wird, sondern eher ein recht aufgeweckter Szenetreff und gerade dabei, dem etwas größeren Cahuita den Rang abzulaufen. Sie können Pferde, Fahrräder und Schnorchelausrüstung ausleihen und auch Tauchgänge buchen.

Zwischen Dezember und März treffen sich in Puerto Viejo geübte Surfer aus aller Welt, um die *Salsa Brava* – eine riesige Welle – zu reiten!

Man isst gut und preiswert in den Sodas im Ortszentrum

Playa Blanca bei Puerto Viejo

und – etwas teurer, dafür mit Meerblick – in den Strandrestaurants *Johnny's Place* und *Stanford's.*

Zahlreiche Hotels, Restaurants und Tourenanbieter finden Sie unter *www.puertoviejo.cr*

Unterkünfte (Auswahl)

Cabinas Casa Verde, Puerto Viejo de Talamanca, zentrums- und strandnah, Tel.: 2750-0015, *www.cabinascasaverde.com,* 8 große Zimmer mit Bad, WC, Deckenventilator, Kühlschrank und Hängematten. Massagen, Pool, tropischer Garten. Schweizer Leitung. $$$ – **Tipp!**

Hotel Escape Caribeño, Puerto Viejo de Talamanca, Tel.: 2750-0103, *www.escapecaribeno.com,* große Zimmer mit Bad, WC, Deckenventilator, Kühlschrank und Hängematten. Interessantes Tourenangebot. $$$

Cabinas Jacaranda, Puerto Viejo de Talamanca, zentrumsnah, Tel.: 2750-0069, *www.cabinasjacaranda.net,* 14 freundliche Zimmer mit Bad, WC, Deckenventilator, Kabel-TV, WiFi, Hängematten, Safe. Tropischer Garten, Gemeinschaftsküche, Gepäckaufbewahrung, Yoga, Massage. $$–$$$ – **Tipp!**

Coco Loco Lodge, Puerto Viejo de Talamanca, nahe der Schule, Tel.: 2750-0281, *www.cocoloco-lodge.de,* 8 Bungalows mit Bad, WC, Deckenventilator, Kabel-TV, WiFi, Hängematten, Safe, Kühlschank, Kaffemaschine, Moskitonetz. $$$–$$$$

Unterkünfte südlich von Puerto Viejo (Auswahl)

Cariblue Hotel, 2 km südlich von Puerto Viejo de Talamanca, Tel.: 2750-0035, *www.cariblue.com,* sehr schöne, großräumige Zimmer mit Bad, WC, AC, Deckenventilator, Kabel-TV, WiFi, Telefon, Hängematten, Safe. Gourmetrestaurant, Tourenangebot. $$$$

Playa Chiquita Lodge, 6 km südlich von Puerto Viejo de Talamanca, an der Playa Chiquita, Tel.: 2750-0062, *www.playa-chiquitalodge.com,* 12 rustikale Zimmer mit Bad, WC, Deckenventilator, WiFi. Restaurant, Bar, tropischer Garten, Strandzugang über kurzen Privatweg durch den Dschungel.
$$$–$$$$

Bribrí, Uatsi, Bratsi und Sixaola

Das Indiodorf **Bribrí** liegt 13 km von Puerto Viejo und 8 km von der Weggabelung Puerto Viejo / Cahuita / Bribrí

Bribrí

entfernt. Die gut ausgebaute Bergstraße wird vorwiegend von Bananenplantagen gesäumt. Das kleine Dörfchen macht einen gepflegten und sauberen Eindruck. Den Bewohnern ist die indianische Abstammung deutlich anzusehen, doch sie tragen heute zeitgemäß Jeans und T-Shirts. Das Dorfzentrum besteht aus dem *Comercial Bribrí*, einem Gemischtwarenladen mit Bushaltestelle, dem leuchtend grünen *Restaurant Bribrí*, den *Cabinas El Mango* und einer OIJ-Station (Polizei/FBI).

Auf dem Weg zum Dorf und entlang der schlechten Ausfallstraßen Richtung **Uatsi, Bratsi** und **Sixaola** finden Sie vereinzelt noch einfache Holzhütten, in denen Indiofamilien unter ärmlichen Verhältnissen auf engem Raum hausen. Geschlafen wird meist in Hängematten, und die Menschen überleben gerade vom Anbau von Kochbananen, Kakao, Mais und Bohnen, ein paar Hühnern und dem Verkauf von Korbflechtarbeiten. Die Indianer kennen den weißen Mann hier noch nicht als Wohlstands- und Devisenbringer, sondern vielmehr als Ausbeuter und Landräuber. Sie sind dennoch bescheiden und freundlich.

Die Fahrt ins 35 km entfernte Sixaola lohnt sich nur, wenn Sie dort die Grenze zu Panama überschreiten wollen.

Panama / Bocas del Toro

Sofern Sie genügend Zeit mitgebracht haben, lockt ein Abstecher in das nur 75 km von Puerto Viejo an der Nordwestflanke **Panamas** liegende *Almirante,* das Sprungbrett für das Inselparadies *Bocas del Toro* (Wassertaxi). Mit dem Leihwagen dürfen Sie allerdings nicht nach Panama, da die Autoverleiher aus versicherungstechnischen und rechtlichen Gründen den Grenzübertritt nicht erlauben. Es werden jedoch günstige Busfahrten ab *Puerto Viejo de Talamanca* angeboten.

Für den Grenzübertritt benötigen Sie Ihren Pass und müssen offiziell Bargeld in Höhe von 500 US$ und Ihr Flugticket als Beweis für Ihren Willen zur Wiederausreise bzw. Weiterreise vorzeigen. Manchmal werden diese Nachweise konsequent eingefordert, oft genügt nur der Reisepass. Übrigens: *Nature Air* fliegt mehrfach wöchentlich von San José nach Bocas del Toro / Panama!

Reisetipps, Ortsplan, Unterkünfte und alles, was Sie in und um **Bocas del Toro** erwartet, finden Sie in unserem Reiseführer **Panama Highlights,** den Sie auch von unterwegs als gut verlinktes eBook von allen großen Portalen und unter *www.panama-highlights.de* abfordern können!

Top-10-Costa Rica Websites

www.san-jose.diplo.de

www.visitcostarica.com

www.hallo-costarica.com

www.ticopedia.de

www.in-costa-rica.de

www.wikitravel.org/de/Costa_Rica

www.ticotimes.net

www.thebusschedule.com/DE/cr

www.flysansa.com

www.natureair.com

Fest- und Feiertagskalender

- **1. Januar** Neujahr (Año Nuevo)
- **19. März** St. Josef (San José), Karneval in Puntarenas
- **Gründonnerstag bis Ostermontag** zeitgleich mit Europa
- **11. April** Jahrestag der Schlacht von Rivas, Gedenktag an den Nationalhelden (Día de Juan Santamaría)
- **19. April** Tag des costaricanischen Indianers (Diá del Indigena Costarricense)
- **1. Mai** Tag der Arbeit (Día del Trabajo)
- **15. Mai** Tag des Bauern (Día del Campesino Costarricense)
- **Pfingsten** zeitgleich mit Europa
- **Fronleichnam** zeitgleich mit Europa
- **29. Juni** Peter und Paul (Día del San Pedro y San Pablo)
- **16. Juli** Tag der Meerjungfrau (Día de la Virgen del Mar)
- **25. Juli** Jahrestag der Abspaltung Guanacastes von Nicaragua (Día de Guanacaste)
- **2. August** Tag der heiligen Jungfrau (Día de la Virgen de Los Angeles)
- **15. August** Muttertag (Día de la Madre) und Maria Himmelfahrt (Asunción)
- **9. September** Tag des Kindes (Día del Niño)
- **15. September** Unabhängigkeitstag (Día de la Independencia)
- **12. Oktober** Kolumbustag (Día de Colón), Tag der Menschenrasse (Día de la Raza), Karneval in Limón
- **31. Oktober** Halloween
- **8. Dezember** Mariä Empfängnis (Inmaculada Concepción)
- **24./25. Dezember** Weihnachten (Navidad), einwöchiges Volksfest in San José
- **27. Dezember** Reiterparade (El Tope) in San José

Register

Die Autoren

Klaus Heller ist gelernter Krankenpfleger, Fallschirmsprunglehrer, Hubschrauberpilot, Journalist, Regisseur und Produzent. Er verfasste mehrere Reiseführer und Luftfahrtbücher, u.a. das Standardwerk »Fallschirmspringen für Anfänger und Fortgeschrittene« (Nymphenburger Verlag). Für den ADAC schrieb er die Packagetour-Führer »Portugal-Rundreise« und »Unentdecktes Irland«. Klaus Heller absolvierte 1982 den ersten BASE-Sprung in Deutschland. Costa Rica und Panama gehören seit zwei Jahrzehnten zu seinen bevorzugten Reisezielen.

Gabi Heller M.A. studierte Geschichte und Amerikanistik. Wissenschaftliche Recherchen, Literatur und Fernreisen sind ihre großen Hobbys. Zusammen mit ihrem Ehemann verfasste sie mehrere Reiseführer, u.a. über Panama, die Isla Margarita (Venezuela), Las Vegas und Vietnam.

Kleiner Sprachführer

ja / nein	si / no
Hallo!	¡Hola!
Guten Tag! (vormittags)	¡Buenos dias!
Guten Tag! (nachmittags)	¡Buenos tardes!
Guten Abend / gute Nacht!	¡Buenas noches!
Auf Wiedersehen!	¡Adios!
Wie geht's?	¿Como está?
Danke, gut!	¡Muy bien!
bitte	por favor
Vielen Dank!	¡Muchas gracias!
Bitte! (Nichts zu danken!)	¡De nada!
Es tut mir sehr leid!	¡Lo siento mucho!
Ich heiße …	Me llamo …
Verzeihung	¡Perdón!
gestern	ayer
heute	hoy
morgen	mañana
Hilfe!	¡Socorro!
Wie spät ist es?	¿Qué hora es?
Um wie viel Uhr?	¿A qué hora?
Sprechen Sie Deutsch / Englisch?	¿Habla usted alemán / inglés?

Ich spreche kein (wenig) Spanisch	Hablo no (solo poco) español
Bitte sprechen Sie etwas langsamer!	¡Hable usted más despacio por favor!
Ich verstehe nicht	No entiendo
Ich möchte …	Quisiera …
Wo gibt es …?	¿Dónde hay?
Das gefällt mir (nicht)	(no) me gusta eso
Wie viel kostet das?	¿Cuánto cuesta esto?
Zu teuer!	¡Demasiado caro, -a!
billig	barato, -a
Wann öffnet / schließt?	¿Cuando abre / cierra?
geöffnet / geschlossen	abierto / cerrado
Können Sie mir helfen?	¿Puede usted ayudarme?
Wo geht es nach …?	¿Cómo se va a …?
Straße / Gebäude	calle / edificio
nach links	a la izquierda
nach rechts	a la derecha
geradeaus	derecho

und / oder	y / o
mit / ohne	con / sin
heiß / kalt	caliente / frio
Meter / Kilometer	metros / kilómetros
Gramm / Pfund	gramos / medio kilo

Ich möchte ein Auto mieten	Me gustaria alquilar un carro
Autopapiere	papeles de carro
Führerschein	licencia de conducir
Flughafen	aeroporto
Flugzeug	avión
(Hand-) Gepäck	equipaje (de mano)
Wann fliegt die Maschine nach …?	¿Cuándo sale el avión para …?

Zimmer	habitación
… mit zwei Betten	… de dos camas
… Doppelbett	… de cama matrimonial
Einzelzimmer	habitación individual
Dusche / Bad / Toilette	baño
Frühstück	desayuno
Halb- / Vollpension	media pensión / pensión completa
Können Sie mir ein gutes und preiswertes Hotel empfehlen?	¿Me puede recommendar un hotel bueno y barato?
Essen	comida
Getränke	bebidas
Speisekarte	carta
Rechnung	cuenta
Teller / Glas / Tasse	plato / vaso / tasa
Messer	cuchillo
Gabel	tenedor
Löffel	cuchara
Kaffee / Tee	café / té
Milch	leche
Bier / Rum	cerveza / ron
Salat / Gemüse	ensalada / verduras
Fleisch / Geflügel / Fisch	carne / ave / pescado
gekocht / gebacken / gegrillt	cocido / frito / a la parilla

Geld	dinero
Wechselstube	casa de cambio
Ich möchte … in … wechseln	quiero cambiar …

Arzt / Zahnarzt	médico / dentista
Krankenhaus	hospital / clinica
Apotheke	farmacia
Medikamente	remedios
Ich habe Schmerzen.	Tengo dolores.

ieber	fiebre
belkeit / urchfall	nauseas / diarrea
Schlangenbiss	mordedura de serpiente
Mir ist schlecht	Me siento mal
Zahlen	números
0	cero
1	uno
2	dos
3	tres
4	cuatro
5	cinco
6	seis
7	siete
8	ocho
9	nueve
10	diez
11	once
12	doce
13	trece
14	catorce
15	quince
16	dieciséis
17	diecisiete
18	dieciocho
19	diecinueve
20	veinte
21	veintiuno
22	veintidos
23	treinta
40	cuarenta
50	cincuenta
60	sesenta
70	setenta
80	ochenta
90	noventa
100	cien
110	ciento diez
200	doscientos / -as
1000	mil
2000	dos mil
100 000	cien mil
1 000 000	un millón

erste (r / s)	primero / a
zweite (r / s)	segundo / a
dritte (r / s)	tercero / a

Sekunden	segundos
Minuten	minutos
Stunden	horas
Tage	dias
Wochen	semanas
Monate	meses
Jahre	años
Wie spät ist es?	¿Que hora es?
Es ist ein Uhr / zwei Uhr	Es la una / Son las dos
Montag	Lunes
Dienstag	Martes
Mittwoch	Miércoles
Donnerstag	Jueves
Freitag	Viernes
Samstag	Sábado
Sonntag	Domingo